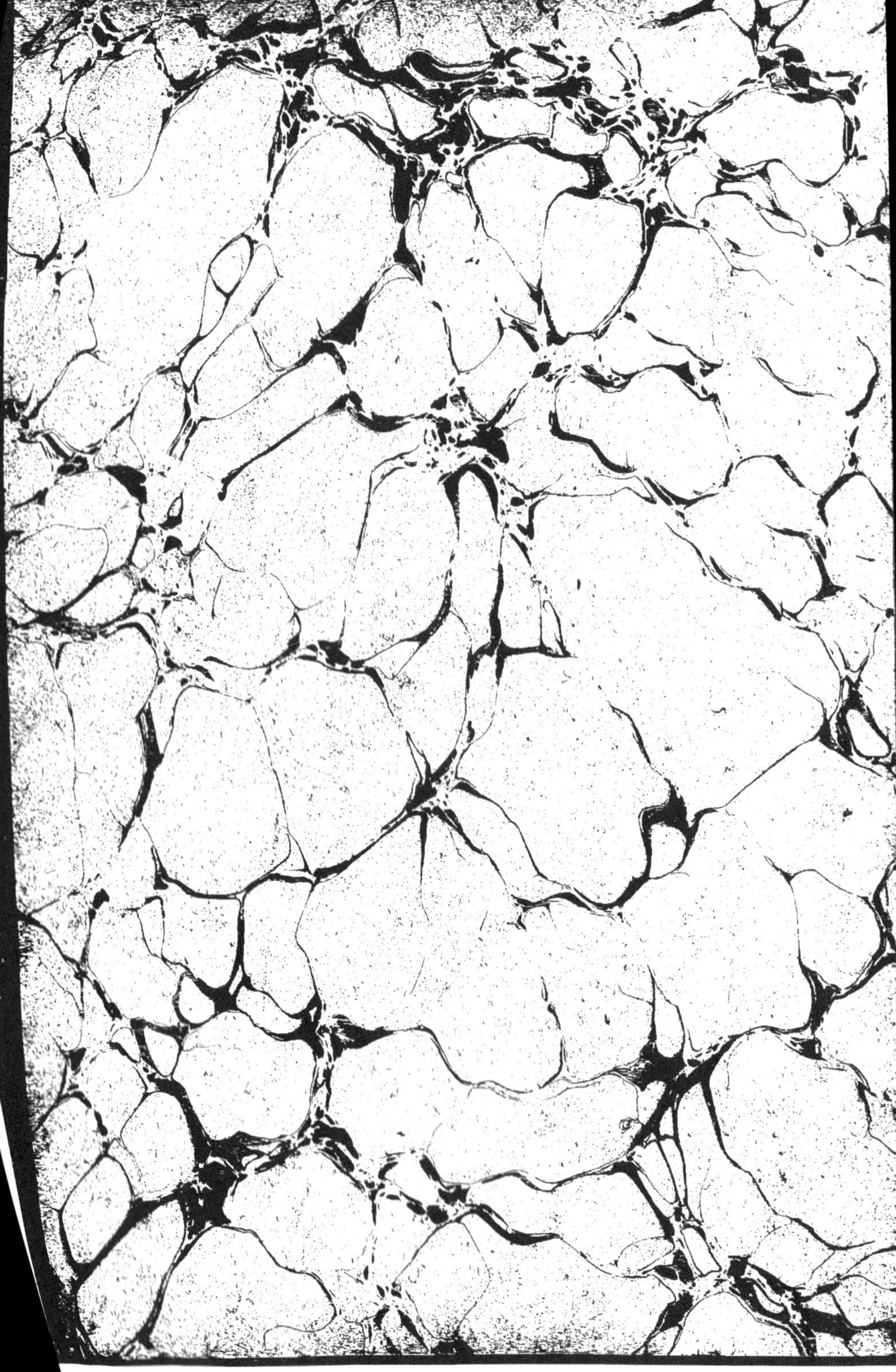

Au Pays de Don Quichotte

Souvenirs rapportés par

Auguste F. Jaccaci

Préface d'Arsène Alexandre

Illustrés par

Daniel Vierge

Édités par

Hachette et Cie

PARIS — MCMI

IL a été tiré de cet Ouvrage : 10 Exemplaires sur papier de Chine, numérotés de 1 à 10 avec un dessin original de Daniel Vierge. 5 Exemplaires sur papier du Japon, numérotés de 11 à 15. 100 Exemplaires sur papier de Chine, numérotés de 16 à 115, et 330 Exemplaires sur vélin, numérotés de 116 à 445.

Au Pays de Don Quichotte

DANIEL VIERGE

Au Pays de Don Quichotte

Souvenirs rapportés par

Auguste F. Jaccaci

(Préface d'Arsène Alexandre)

Illustrés par

Daniel Vierge

Édités par

Hachette et Cie

PARIS — MCMI

CE volume
a été im-
primé sur les
machines de
Draeger Frè-
res. Le tirage
terminé le
18 Xbre 1900

AU LECTEUR

CE petit livre n'est pas sans curiosité et sans opportunité au moment où les Américains et les Espagnols viennent d'échanger tout autre chose que des impressions poétiques et pittoresques.

Il est assez piquant de voir comment un habitant de New York jugeait les Espagnols il y a peu de temps encore, et parmi les Espagnols ceux qui sont le plus isolés, le plus attardés, le moins au courant de la civilisation en général et de la civilisation américaine en particulier.

M. Jaccaci, il est vrai, est un artiste. Cela se voit de reste dès les premières lignes de son livre. Sans doute il ne cesse de regarder les choses et les gens de l'œil un peu froid et ironique de l'homme « pratique ». Pourtant il se laisse assez volontiers emballer, ce qui n'arrive pas toujours — du moins suivant nos préjugés — à ses compatriotes. Mais nous les connaissons si peu et nous les jugeons si mal!

L'auteur de ces charmantes notes de voyage a beaucoup voyagé. Il a beaucoup comparé. Il connaît à merveille l'art européen, et il a contribué à le faire aimer dans son pays, où il a été et est encore Directeur artistique de certains des plus importants Magazines de New York.

D'ailleurs la meilleure preuve de la connaissance qu'il a de nos artistes et du cas qu'il fait d'eux, c'est cet ouvrage lui-même.

C'est lui qui eut l'idée de faire, en compagnie de Daniel Vierge, le prestigieux illustrateur, ce voyage au pays de Don Quichotte, Vierge étant le dessinateur tout désigné non seulement des aventures de l'illustre Chevalier, mais encore de ce qui demeure des lieux où ces aventures se passèrent.

Rarement Vierge atteignit une pareille finesse, un pareil brio dans le dessin et dans la couleur. Ces petits tableaux en noir et blanc sont pleins de soleil, de poussière et de vie. Ils sentent l'Espagne à plein nez, si l'on peut parler ainsi.

Quel joli prétexte à nos rêveries que ce petit livre, et quel excellent tremplin pour nos souvenirs !

Étrange pays, où l'on est mal, où l'on vit mal, où l'on souffre de la soif, de la chaleur, de bien d'autres choses encore, sans compter les extraordinaires tables d'hôte et les plus étonnantes tables sans hôtes des posadas, — oh oui ! étrange pays, qui ne laisse aucun souvenir de ces désagréments sinon des souvenirs agréables, et qui vous imprime dans l'esprit une image de plus en plus belle et envahissante à mesure que l'on s'éloigne.

Ces impressions, vous les retrouverez dans le texte de M. Jaccaci, aussi bien que dans les dessins de Vierge.

Vous revivrez un instant de la vie des êtres ignorants, instinctifs, attachés à leur coin de terre et ne sachant rien au delà, — ce qui est peut-être la vraie manière de vivre.

ARSÈNE ALEXANDRE.

UNE « GALENA », CHARIOT DE FERME DES CASTILLES.

I

En route pour Argamasilla, Madrid, Ciudad Real, Manzanarès.
— Une Bodega. — La voiture de poste.

C'ÉTAIT en juillet, la nuit. Je roulais vers ces
mêmes plaines tristes de la Manche où
j'avais déjà vagabondé dans ma jeunesse. Des
amis m'avaient très sérieusement conseillé de ne
pas m'aventurer parmi ces populations incultes,
à demi sauvages, à moins toutefois d'avoir une
escorte de police, et encore sans la perdre jamais
de vue. « C'est qu'on joue du couteau là-bas ! »
ajoutaient-ils, et sur un ton pas mal tragique.
Mais c'étaient des Espagnols qui parlaient ainsi,
et ils se plaçaient à cette sorte de « point de vue

national » qui consiste à dénigrer, au profit de la sienne propre, les autres provinces, et particulièrement cette peu engageante contrée de la Manche, la plus retardataire de toute l'Espagne...

J'étais étendu sur les coussins d'un compartiment vide. De temps en temps, tout en somnolant, je pensais aux aventures prochaines et je me rappelais les adieux des gens de Madrid, adieux d'autant plus cordiaux que j'avais promis quelque argent pour la garde de mes bagages. Je pensais à ma course à travers les rues étroites jusqu'à la station, regardant tout le long du chemin les Madrilènes qui prenaient le frais le soir. Ils ne se doutaient guère combien j'étais heureux de me retrouver parmi eux, quel spectacle charmant c'était pour moi que celui de leurs rues animées.

Je me souvenais distinctement d'une petite *plaza*, sur les pauvres pavés de laquelle mon fiacre faisait des cahots désespérés et où je m'arrêtai un instant pour acheter des oranges, de délicieuses oranges, que vendait, sur son fragile éventaire de bois et de papier, pour un prix dérisoire, presque pour un sourire, une femme basanée, en haillons, les cheveux défaits, mais d'une dignité de princesse.

Chapitre Premier

A la gare, un commissionnaire raide et grave, chargé du très petit paquet contenant seulement mon linge de rechange, m'avait précédé à pas comptés, et avait ouvert la portière d'un compartiment de première avec fracas, semblant dire ainsi aux curieux : « C'est un personnage d'importance, qui n'a pas beaucoup de bagages, mais qui pourrait en avoir bien plus s'il voulait. »

Il y a toujours des curieux au départ des trains en Espagne. Voyager est une affaire si inaccoutumée et si pleine de risques, que les parents et les amis sentent que c'est un devoir de témoigner par leur présence quelle part ils prennent au danger de l'entreprise. Sans doute on fait des prières quelques semaines auparavant ; on envoie des lettres de faire part du fatidique événement. Et même, quand le grand jour est passé, la famille, ou le petit cercle d'amis, au café, doit avoir quelque peine à reprendre ses habitudes sans exprimer fréquemment son souci et ses vœux pour que tout se passe bien pour l'aventureux voyageur !

Mais quel contraste faisait Ciudad Real, capitale de la Manche, « l'Impériale et le Séjour du

Au Pays de Don Quichotte

Dieu des Sourires, » comme la qualifie Cervantes, avec ce New York si bruyant que j'avais quitté depuis seulement une douzaine de jours ! Dans la fraîcheur et la pureté de l'heure matinale, la transparente magnificence du · ciel vert pâle faisait fortement ressortir l'insignifiance de la petite ville et de ses maisons basses, toutes disséminées.

Les murailles blanchies à la chaux paraissaient encore plus nues lorsque l'œil rencontrait çà et là quelque balcon de fer forgé, quelque porte garnie de clous ou de serrures et de gonds historiés.

Tout était étrangement calme dans la longue et étroite rue, non pavée, et l'on sentait la même oppression qui tombe de façon si saisissante sur le voyageur dans les cités arabes.

De fait, la Manche est moresque, pays et gens. Les Mores y ont imprimé leur cachet, la trace de leur domination, partout, dans les aspects de la ville, la physionomie de la race, le caractère, le tempérament des habitants, les rapports sociaux et domestiques.

Ce fut une hospitalité arabe, et de la meilleure espèce, qui m'accueillit, tout étranger que j'étais et à cette heure matinale, lorsque je frappai

Chapitre Premier

à la porte du père de Carlos, l'ami que je venais de quitter à Paris.

L'ami de Carlos fut reçu à bras ouverts, et mes nouvelles connaissances me furent beaucoup plus utiles que nos représentants à Madrid. En effet, dès dix heures, j'étais à même de continuer ma route, ayant en ma possession un ordre du gouverneur de la province pour être accompagné d'une escorte de police à cheval partout où je pourrais le désirer pendant mon voyage.

Le train, cette fois, rampait à travers un paysage tout à fait africain. La plaine, avec la végétation de même couleur que le sol, s'étendait, dans une désolation suprême, sous le ciel bleu avec son intense et cruel soleil de midi. Pas de maisons, pas le moindre signe de vie pour animer ce torride désert.

A un moment pourtant, sur la route qui courait le long de la voie, se montra cahin-caha un groupe caractéristique. En tête, l'homme sur son âne, les jambes ballantes, la tête en arrière, les dents étincelant entre les lèvres ouvertes; à pied suivait sa femme, à longues enjambées cadencées qui rejetaient ses lourdes jupes en plis rythmiques. Enfin, un ânon fermait la marche en flânant, l'allure capricieuse, et tout prêt à décamper en cas de poursuite.

La femme ne se rendait point compte de ce mélancolique contraste entre les sexes qui me frappait; et non moins mélancolique était le contraste entre l'homme et la bête qu'il montait et qui paraissait si épuisée qu'on eût dit que chacun de ses pas allait être le dernier.

En Espagne, ceux qui possèdent des bêtes de somme connaissent le dernier degré de fatigue et de faim que ces pauvres esclaves peuvent supporter, et ils les maintiennent à ce degré, gagnant ainsi le maximum d'effort pour le minimum de dépense. Mais ils ont l'astuce de laisser les jeunes grandir en liberté et en relative abondance, pour se préparer aux épreuves à venir.

Nous avions presque dépassé ces voyageurs, l'homme chantant à tue-tête et regardant droit devant lui, lorsque la femme tourna un peu son profil aquilin et nous jeta un rapide regard. Selon toute probabilité, elle n'avait jamais pris un train, et n'en prendrait jamais, et la pauvre créature devait s'étonner, à sa façon muette, de voir des gens vaguer si loin au lieu de rester là où ils étaient nés.

L'HEURE DU DÉJEUNER DANS UNE « BODEGA » (MANZANARÈS).

COUR D'UN MOULIN A PLATRE A MANZANARÈS

Les réflexions du petit âne étaient aussi
lisiblement écrites dans toute son attitude que
s'il s'était écrié en pur castillan, lorsqu'il s'arrêta un moment, nous regardant tout effaré :
« *Demonios !* qu'est-ce que c'est que cette machine
infernale ? » Puis il tourna sur lui-même et
décampa, lançant ses quatre pattes dans toutes les
directions.

Il y eut un changement de trains à Manzanarès, un endroit qui, en dépit de son nom poétique
et de son antiquité, semble tout juste une poignée
de maisons jetées au hasard, comme des billes
dans un coin de nursery. La vie n'y manque pas

cependant, et il y a là une des plus grandes dis-
tilleries *(bodegas)* de l'Espagne. J'y jetai un coup
d'œil sur les ouvriers déjeunant sous un clair et
neuf hangar, près d'une formidable rangée de
jarres en terre, dont chacune, dit-on, contient
douze cents gallons de vin. En revanche, les nombreux moulins à plâtre que l'on voit ici sont tout
ce qu'il y a de plus primitif : on y travaillait, à
ciel ouvert, sur les aires pavées, comme au temps
des Romains, des Ibères et des Mores. Des chevaux, des mules, des ânes, étaient simplement
attelés à des planches, sur lesquelles se tenait le
conducteur, faisant décrire à son attelage des
cercles de plus en plus étroits, jusqu'à ce que le
tas de calcaire fût aplati.

Puis voici la station d'Argamasilla, toute solitaire. La seule chose un peu vivante qui se trouve
près d'elle est la voiture de la poste, une machine
à quatre roues, sans ressorts, avec des bancs de
bois pas rassurants, sous un toit de paille tressée,
recouvert de toile.

C'était l'heure la plus chaude de la journée,
et la journée la plus chaude de l'année, à ce
que dit le conducteur. Mais il n'eut cure pour
cela d'épargner son attelage. Au claquement
incessant de son fouet, les quatre chevaux cou-

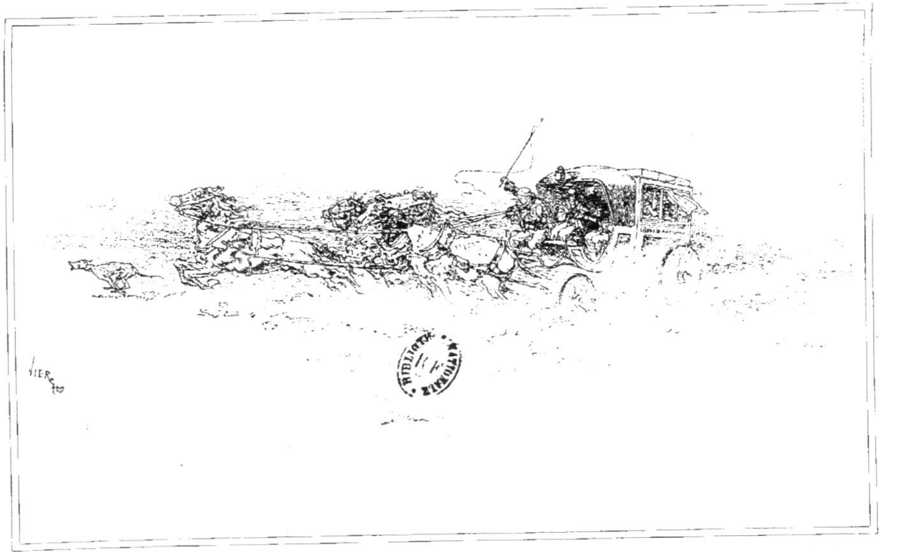

UNE VOITURE DE POSTE.

Chapitre Premier

raient la galopade, soulevant d'épais nuages
d'une poussière piquante qui estompait complètement route et paysage, et donnait la sensation
d'un voyage à travers une fournaise chauffée à
blanc. Le chien du coche aboyait, les planches
s'entrechoquaient, le véhicule craquait et plon-
geait. C'était comme un « voyage de vengeance »
au bon vieux temps.

La partie de mon individu qui est monopo-
lisée par l'artiste, je dirais presque ce qu'il y a en
moi de Don Quichotte, trouvait cela charmant et
raffolait de cet excès de couleur locale. Mais mon
côté Sancho Pança, couvert de poussière, meurtri
par les chocs et les soubresauts, était dans un état
déplorable. Il se résigna toutefois à son martyre
pour une bonne heure, jusqu'à ce qu'on s'arrêtat
pour faire boire les chevaux. Alors le train ralentit,
et l'on put voir, de droite et de gauche de la
route, des champs d'un blé grillé, dont chaque
tige se dressait brillante et rigide comme un
épieu.

Devant nous était le village d'Argamasilla,
« lieu de naissance de *Don Quixote* », nous dit
audacieusement le Guide; on voyait de plus en
plus distinctement ses maisons blanches nichées
parmi les arbres. Les rouges sierras, rêveuses

sentinelles de la plaine, se dressaient tout à l'extrémité de l'horizon. Au-dessus du tout, des nuages d'une admirable forme faisaient sur le fond d'azur comme une exquise mosaïque de tons translucides.

GREGORIO « L'AMO » DU « PARADOR DEL CARMEN ».

II

Argamasilla. — Gregorio. — Le *Parador del Carmen*. — La vie
dans une posada. — L'idée qu'on se fait de Don Quichotte
dans le peuple. — Hommes et femmes. — La religion. —
Propriétaires et fermiers. — Le Casa de Medrano. — Don
Rodrigo de Pacheco. — Le lieu de naissance de Cervantes.

Nous entrâmes dans le village aux clics-clacs
du fouet. Mais pas une âme n'apparut, jusqu'à ce que, traînant et solitaire personnage, l'aubergiste émergeât de dessous la natte qui recou-
vrait la porte de la posada : « *Al Parador del
Carmen,* maison Gregorio. »

Gregorio eut peine à réprimer son étonnement:
spectacle inusité ! un voyageur ! Il regarda les

chevaux et ne dit rien. Le conducteur, lui, eut l'obligeance d'esquisser une introduction : « C'est pour vous, Gregorio. — Oui, ajoutai-je, et pour quelque temps, j'espère, don Gregorio, si je puis avoir un lit chez vous. » Un « don » placé à propos, en Espagne, ne manque jamais son effet, même s'il est adressé à cet être le plus indépendant et despotique de tous : un aubergiste de dernier ordre. « Mais certainement, señor, et pourquoi pas ? » Et après ce court cérémonial, je suivis Gregorio sous son rideau de paille.

Le premier coup d'œil jeté sur le *Parador del Carmen* fit plaisir à ma partie Don Quichotte, car c'était l'endroit le plus pittoresque qu'elle pût imaginer. Là, enfin, je venais de faire un plongeon du monde civilisé et du XIXe siècle, en pleins temps anciens, et j'avais apparemment atteint le fond de la vie d'autrefois. « Apparemment » était sagement dit, car je devais, par la suite, voir des scènes encore bien plus primitives. Toutefois, ce fut une intense sensation tout d'abord que le passage de la pleine lumière à cet intérieur rouge, aux âpres relents, dépourvu de confortable, mais non de saleté.

Comme son ancêtre moresque le caravansé-rail, la posada était une suite de constructions

Chapitre Deuxième

irrégulières bâties autour d'une cour. C'est dans la chambre où je me trouvais qu'était concentrée la vie de l'endroit. Des murs et des piliers se dressaient dans un désordre, des arches ouvraient des vues inattendues sur des retraits sales, odorants, zébrés de rayons de soleil. Des rangées de troncs d'arbres tout noirs, très rapprochés, formaient le toit, entièrement enguirlandé de toiles d'araignées. Des centaines de mouches faisaient entendre un incessant et puissant murmure, semblable à celui des instruments à cordes d'une symphonie, sur lequel brochaient des ronflements s'échappant de corps étendus çà et là dans les coins sur la dure, et aussi le bruit sec et continu des mâchoires de mules, broyant le fourrage dans les mangeoires.

Je suivis Gregorio à l'étage au-dessus et conclus un rapide arrangement pour l'usage exclusif d'une petite chambre blanchie à la chaux, garnie de trois lits et de gros matelas roulés sur la planche, moyennant le prix exorbitant de dix sous par jour. Je voulais, politiquement, me concilier cet homme, ce Gregorio, l'*amo*, l'âme même de cet établissement. Puis je redescendis bien vite pour jouir de l'enchantement du spectacle.

Seulement, mon Sancho Pança fit alors

2

valoir ses droits, et exigea quelque chose de plus nourrissant que des sensations difficiles, suivant lui, à concilier avec un estomac vide. J'eus donc à déranger l'amo, qui, assis sur un banc de pierre, la tête entre ses mains et ses coudes sur les genoux, était évidemment en train de se demander quelle sorte d'homme pouvait être cet étranger, habillé comme un compatriote, mais ayant un cachet spécial qu'il ne pouvait déterminer. Pança se sentit réjoui lorsqu'il fut répondu qu'il était possible de manger un morceau. « Et que pourrai-je avoir, amo ? demandai-je. — De tout, señor. » C'est là-bas une fallacieuse abréviation, et il faut sous-entendre : « De tout — ce que vous avez apporté. » Or, je n'avais rien apporté du tout.

La destinée ne me fut cependant pas par trop cruelle, car, avec l'aide de trois femmes, d'un gamin et d'un de ces vieux personnages en ruines qu'on rencontre, fonctionnaires obligés, dans toutes les posadas, et qui font les courses, amusent la maison et servent de têtes de Turc, on finit par me fabriquer, bien lentement, la plus compliquée des omelettes. Dans une petite chambre obscure, dont la clef pendait à sa ceinture, l'amo s'en fut chercher les ingrédients qui composaient ce mets : des œufs, des patates, des oignons, des herbes,

Chapitre Deuxième

du jambon, des choses inconnues. Lorsque cela
fut servi sur un banc et que Pança put s'asseoir
face à face avec ce plat, ce fut le signal pour chacun d'arriver en traînassant. Était-ce l'odeur
d'huile d'olive trop séduisante pour qu'on y pût
résister? Était-ce le spectacle étrange d'un homme
mangeant avec un couteau et une fourchette,
spectacle trop rare pour qu'on le manquât? Quoi
qu'il en soit, les assistants, semblables à un parti
de petits chiens qui observent un autre chien
rongeant un os, étaient assis ou debout autour de
moi, et observaient chaque morceau qui disparaissait, me fixaient avec des yeux si brillants,
épiaient tous mes mouvements si attentivement,
que j'en ressentis une sorte d'oppression et compris que le moment était venu pour moi de prendre une détermination. Je n'avais pas manqué,
suivant le code de la politesse espagnole, d'offrir
à chacun de partager mon omelette avant de l'en-
tamer, et maintenant c'était l'instant psycholo-
gique où il fallait transformer en amis mes
observateurs, sinon mes journées suivantes étaient
manquées. Le plus cordialement que je pus,
j'offris à la ronde un coup de mon vin. On refusa,
comme de coutume on le fait religieusement dans
toutes sociétés, même quand on refuse à contre-

cœur. Une offre réitérée et sur un ton plus familier : « *Vamos, vamos, hombres,* » mit chacun au point. L'outre passa de mains en mains et l'animation commença de régner. Les cigarettes furent allumées ; on hasarda des remarques, on posa des questions et l'on fit des réponses, et le bourdonnement des mouches ne fut plus qu'un sourd accompagnement aux voix des hommes, tandis que le monde d'Argamasilla commençait à se révéler à moi. Oh ! très semblable à notre monde, ce monde d'Argamasilla, mais caratéristique par certains grands ou petits côtés. Les manières de ces demi-Moresques étaient bien amusantes à observer. Tels que les indigènes de l'Italie méridionale, ils semblent nés pour finasser, et n'arrivent à leurs fins que par de lents et compliqués détours. Après avoir appris ce qu'ils connaissaient déjà, que j'étais un étranger (un terme qui s'applique à tous ceux qui ne sont pas de la Manche), ils commencèrent à me dresser une foule de petits pièges pour savoir quelle sorte d'homme j'étais, ce que j'étais venu faire. J'imagine que si les chats pouvaient parler, ils s'y prendraient à la façon de ces gens-là, lentement, avec la même imperturbable lueur de leurs yeux fixes et brillants. Ces muletiers et ces gens de l'auberge, pour

MULETIERS DANS LA POSADA (ARGAMASILLA).

ainsi dire, avançaient doucement une patte, la
retiraient, la ravançaient, jusqu'à ce qu'ils eussent
recueilli l'indication, et que ce petit jeu prît fin :
ils avaient appris ce que je voulais faire, et chacun
se mit à me faire profiter de son idée et de son
expérience. Les plus intéressants renseignements
furent ceux du principal satellite de l'amo, un
drôle nonchalant, porteur d'une vieille cape grais-

seuse, ornée des lettres fatidiques P. D. T. *(plaza de toros)*, qui indiquaient un amateur et un maître en fait de courses de taureaux.

« Oui, señor, Don Quichotte était un curieux gaillard. On a fait un gros livre sur lui, connu de tout le monde entier, même des Anglais, des païens et des autres. Je l'ai lu et je l'ai trouvé farce, mais je n'ai pas compris le meilleur. Il n'y a que les gens instruits qui en comprennent le fin mot. On dit que toute la science du monde y est renfermée et que si vous le saisissez, vous pouvez devenir aussi riche que vous voulez. Mais moi, je suis un ignorant, ça n'a fait que m'amuser. Don Quichotte était un type assez comique pour sûr! Aller prendre des maritornes à l'auberge pour de nobles demoiselles! En voilà un âne!

« Et Sancho, vous dites? Ben dame, il est comme vous et moi. Il a besoin de manger, de dormir, de s'accommoder au mieux avec tout un chacun. Mais je ne connais pas le livre. Il y a dedans je ne sais quoi qui le fait lire et relire par les prêtres et les gens de cette espèce. Don Federigo, un homme de loi, qui vit maintenant à Madrid, dit que ce bouquin n'a pas son pareil, et qu'il est rempli de politique et de toute espèce d'histoires.

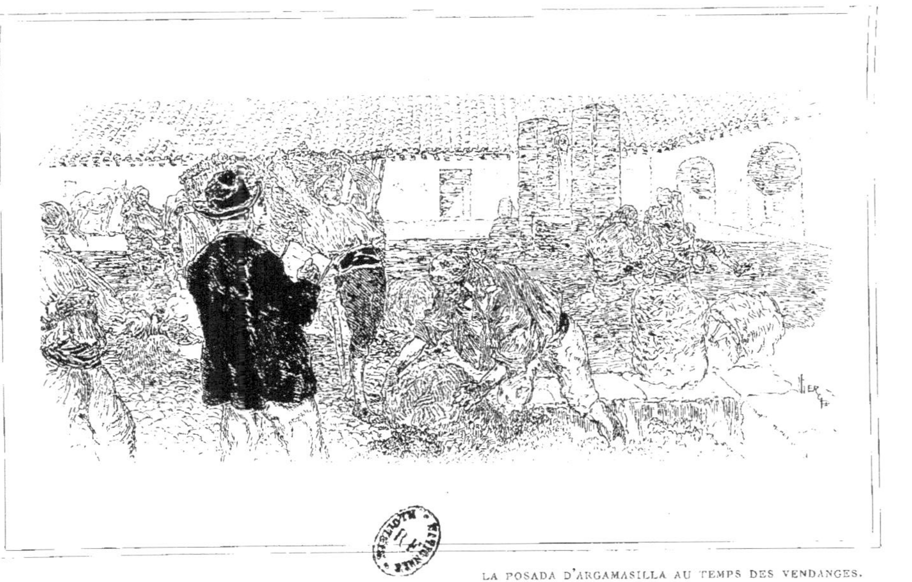

LA POSADA D'ARGAMASILLA AU TEMPS DES VENDANGES.

Chapitre Deuxième

« Oui, señor, Argamasilla est encore remplie de souvenirs de Don Quichotte. Il y a son portrait dans l'église et il n'y a pas longtemps qu'on a démoli sa maison. Voici le gentilhomme qui a installé une belle bodega à la place, une bodega aussi belle que n'importe laquelle à Madrid. — Ici toute l'assemblée salua un jeune homme mis en citadin, qui venait de faire son entrée. —Et nous vous montrerons aussi la prison où Cervantes a écrit son livre. »

Une petite distribution de vin amena encore des dizaines

LA POSADA (ARGAMASILLA)

de flâneurs et de notables, qui entretinrent la discussion sur Don Quichotte. C'était si amusant que la journée se passa de la sorte. Le soir, je m'assis avec l'amo à la porte, dans l'ombre, sous le ciel de sombre lapis-lazuli tout étoilé. Un murmure sem-

Au Pays de Don Quichotte

blable à celui de la mer calme faisait paraître plus
retentissants les bruits accidentels, l'aboiement
d'un chien, le tintement des mules qui se rendaient
à leur abri pour la nuit. Un paysan rentrant
des champs passa d'un pas rapide, ou plutôt qu'on
devinait tel, bien que le rythme énergique de sa
marche fût assourdi par la poussière de la route.
Il chantait à pleine voix, une voix riche, inculte,
un chant andalou, une de ces *malagueñas* qui
tendent à remplacer dans toute la Péninsule les
chansons locales. Chaque vers formait un sens
musical complet, jeté comme un trille et finissant sur une longue et vibrante note mineure,
et une longue pause avait lieu après chaque
vers.

> Avec toi ou sans toi
> Mes maux ne peuvent avoir de remède.
> Avec toi parce que tu me tues,
> Sans toi parce que j'en meurs. .

La voix, tantôt pleurante, tantôt soupirante,
conservait son timbre mâle ; les mots les plus
pathétiques étaient jetés à travers l'espace avec
l'expression la plus passionnée. C'était comme un
chant de rossignol, aussi instinctif, et s'harmoni-
sant aussi bien avec le moment et l'endroit.

En rentrant, vers dix heures, je vois le fils de

Chapitre Deuxième

l'amo, un garçon de dix-huit ans, étendu sur le sol, avec son manteau pour tout lit et le harnais de sa mule pour oreiller.

« Eh! pourquoi ne couche-t-il pas dans un lit? demandai-je.

— A quoi bon? répond l'amo. A minuit il va falloir qu'il aille travailler aux champs. Nous sommes dans la saison des moissons et il faut que nous travaillions jour et nuit. »

Je ne tardai pas à constater que *nous* signifiait tout le monde dans la maison, à la vérité, excepté l'hôte lui-même.

Les jours suivants me fournirent une bonne occasion d'étudier la vie d'une posada dans ce qu'elle a de typique. L'amo, un des rares personnages à leur aise d'Argamasilla, possédant des blés et des vignes, passait ses heures matinales et les fins d'après-midi à surveiller ses ouvriers. Il rentrait ordinairement à neuf heures du matin, avec son fils et quelques-uns de ses hommes, qui avaient été travailler dès trois heures de la nuit. Tous prenaient alors leur premier repas en commun. Les longs couteaux sortaient de leurs gaines; chaque homme taillait une mince tranche de pain, la fichait au bout du couteau, et s'en servait ainsi comme de cuillère pour plonger dans

Au Pays de Don Quichotte

l'écuelle placée sur un banc au milieu du groupe et remplie de pois durs et de concombres nageant dans l'huile et l'eau.

Chaque cuillerée nécessitait la confection d'une nouvelle cuillère, et il fallait pas mal de dextérité pour attraper, même en s'aidant du pouce, assez de pois pour couvrir la bouchée de pain. L'amo passait l'outre de vin une fois seulement et chacun en prenait très modérément. Quand un homme avait fini, il passait le revers de sa main sur ses lèvres, se levait et allait à la cruche d'eau. Il l'élevait à bout de bras, et prenait une longue lampée; puis, la cigarette allumée, repartait au travail. Quel frugal régime! Il n'est pas étonnant que ces paysans soient des êtres aussi sains, aussi solides, aussi découplés. Ils marchent d'un pas léger, souple; même en plein repos, ils semblent prêts à se mouvoir, sans effort, comme par un ressort. Nos préjugés sur l'indolence espagnole ont quelque raison d'être quant à la « société », mais les paysans sont aussi laborieux que n'importe en quel pays, et ils travaillent à des conditions qui sembleraient insuffisantes, même au dernier manœuvre italien.

Pendant les heures torrides, l'amo demeurait à la maison. Une couple de parasites lui tenait

compagnie, riant de ses plaisanteries et se confon-
dant en admiration à ses sages sentences. Lors de
mon séjour, Gregorio se cònfectionna une paire de
chaussures, et ses amis, profitant de cette rare occasion, demeuraient assis près de lui, s'émerveillant
des progrès du travail. Gregorio faisait quelque
chose! La nouvelle fut bientôt répandue dans le
voisinage, et de nouveaux flâneurs vinrent assister
les autres, et admirer un homme qui travaillait
si bien. Sans ces grands événements, la posada
aurait été aussi calme que tout le reste de la ville.

Au Pays de Don Quichotte

Les femmes, la mère et les deux filles vivaient
très à part. L'*ama*, toute vieillie, toute ridée, était
chargée de la cuisine. Les ingrédients lui étaient
fournis par son époux après une bonne et bruyante
discussion, lui trouvant toujours qu'elle en de-
mandait trop, elle, qu'il n'en donnait jamais assez.
Les filles, modestes et gentilles fillettes, travaillaient sans cesse, aidant à la cuisine, rangeant les
chambres des hôtes, tirant de l'eau au puits,
arrosant les pièces, cousant. Toujours travaillant,
ne jouant jamais, sauf par-ci par-là, quand on ne
les voyait pas, s'amusant une minute avec les
chiens et les chats.

Sur ce fond monotone, train-train de la vie
de posada, défilaient jour et nuit toutes sortes de
types de muletiers, gaillards fantastiques, à l'aspect
de vraies bêtes sauvages, qui entraient et sortaient sans dire un mot, sans regarder personne.
Après avoir soigné leurs mules, ils s'asseyaient
dans un coin, mangeaient la croûte de pain et le
morceau de fromage qu'ils avaient apportés, ou
bien se couchaient sur le sol nu, sans couverture,
avec une belle pierre comme oreiller.

Lorsque l'amo rentrait au coucher du soleil,
c'était le signal du souper. La famille de Gregorio
vivait dans l'aisance : elle avait de la viande une

« L'AMA » RENDANT VISITE A UNE AMIE.

fois par jour pendant le temps de la moisson;
mais dans les temps ordinaires, bien entendu,
seulement une fois par semaine. Cette viande
était toujours servie dans une sorte de soupe. Les

Au Pays de Don Quichotte

fillettes avec leurs fichus d'indienne autour de leur cou, les hommes en manches de chemise avec un turban de haillons rouges autour de la tête, tous pieds nus, plongeaient à tour de rôle, démocratiquement, leurs cuillères de bois dans la même écuelle. Pas de tentatives de conversation, seulement de temps en temps la voix perçante de l'ama, avertissant un des ouvriers qu'il allait trop vite et mangeait plus que sa part. Le pauvre diable dont j'ai parlé plus haut, le souffre-douleurs, demeurait assis contre un pilier, sa vieille carcasse appuyée sur son bâton; il regardait, de ses yeux perçants, d'un tout autre côté que celui de la table, et se donnait des airs de parfaite indifférence à l'égard de ce qui s'y passait. Certes, les chiens de

LA FEMME DE GREGORIO FAISANT DES ACHATS.

SCÈNE DANS LES ÉCURIES DE LA POSADA (ARGAMASILLA).

la maison semblaient avoir plus de droits que
lui. Vers le milieu du dîner, toutefois, Gregorio
l'appelait, et l'invitait à s'asseoir au plat; là-dessus
l'ama soulageait sa mauvaise humeur en déclarant,
par exemple, que « la porte de la posada était
aussi grande ouverte que les portes de la ville »,
ou encore telle autre remarque plutôt froide! à
quoi le vieux paria répondait aussitôt sur un ton
à la fois doux et pas mal noble : « Oui, señora, et
je souhaite que beaucoup de bonnes choses puis-

33

sent entrer par cette porte, sans compter la poussière. »

Ainsi se passaient, monotones, les journées, à la posada. Il paraît que le jour du marché, une fois par mois, l'animation devenait grande, et qu'il y avait alors des danses; mais les dimanches étaient semblables aux autres jours, sauf que les hommes profitaient de l'occasion pour faire quelques rudes plaisanteries sur les femmes qui se rendaient à l'église. Il y a fort peu de religion, mais énormément de superstition chez ces gens d'Argamasilla. Se rendre à l'église est une diversion dans la vie terriblement unie et dure des femmes, mais les hommes préfèrent demeurer sur la place, assis, ou debout sur quelque seuil ami et tout à la fois se livrer à des moqueries sur les prêtres et l'Église et à des professions de dévotion à Notre-Dame.

Il est assez difficile de pénétrer les sentiments réels de ce peuple à l'égard de la religion. Le contraste entre la pauvreté des gens, leur pénible labeur et l'aisance et l'abondance relatives dans lesquelles vit le clergé, leur est sensible et ils se refusent à donner un sou à l'église, à moins qu'ils ne soient malades ou avancés en âge : dans ce cas, c'est une espèce de prêt dont ils attendent l'intérêt

DANSE A LA POSADA D'ARGAMASILLA.

Chapitre Deuxième

dans l'autre monde. Ils ont une manière à eux
d'éprouver des sentiments de respect sinon d'idéal,
mais ils ne peuvent s'empêcher de remarquer la
différence entre les actes de leurs prêtres et les
paroles désintéressées de la religion : « Voyez-
vous, señor, me disaient-ils,
ces braves gens sont dans
l'Église pour en tirer lar-
gement leur vie et non
pour être ses hum-
bles et dévoués auxi-
liaires. Ils ne prient
pour nous que si
nous les payons. »
Les Procuradores, vrais
représentants du senti-

LA PESÉE DES RAISINS
A LA POSADA D'ARGAMASILLA.

ment populaire castillan, ont formulé des sentences analogues, il y a des siècles : *Que no
quieren los villanos ni el vino del sacramento si
viene de vuestras manos.*

Comme les Argamasillans n'ont dans leur
village d'industrie d'aucune sorte, ils vivent uni-
quement de la campagne avoisinante. Chaque
villageois loue quelque champ d'orge ou quelque
vigne appartenant à un des peu nombreux propriétaires du sol, caste aristocratique possédant

la plus grande partie du district. Le meilleur de la récolte (non pas un tant pour cent, mais une somme fixe) s'en va à ces propriétaires, et le fermier par-dessus le marché paye les impôts, qui sont élevés. Ainsi, d'un côté, aucun risque; de l'autre, les déficits dans les revenus sont comblés seulement par les années prospères. Le fermier est tenu dans un perpétuel état d'endettement vis-à-vis du propriétaire, et sa dette court à des intérêts usuraires, seule condition sous laquelle on lui continue son fermage. Propriétaire foncier, ici, comme dans l'Italie du nord il y a cinquante ans, et dans beaucoup de districts de l'Italie méridionale d'à présent, signifie usurier.

Ce système inique prouve encore, si c'était nécessaire, la décadence de l'Espagne. N'était-ce pas le pays où, plus tôt peut-être que chez toutes les autres nations d'Europe, les communes conquirent leurs droits contre la féodalité? N'est-ce pas en Espagne que l'on vit les exploits des *Vaqueros* d'Asturie, des *Hermandinos* de Galicie, des *Comuneros* de Castille, des *Agermanados* de Valence, des *Fueristas* de Catalogne, d'Aragon, de Navarre, de Biscaye, qui comptent parmi les plus glorieux combats pour le droit et la liberté dans toute l'histoire du progrès humain?

Chapitre Deuxième

Le pauvre habitant de la Manche d'à présent
ne diffère pas tant du vilain des temps féodaux,
obligé de payer tribut au roi et au seigneur, de

LA PETITE « PLAZA » DERRIÈRE
L'ÉGLISE A ARGAMASILLA SUR LA
RUE S'OUVRANT, SUR LA RANGÉE
DE MAISONS VUES DANS LE DESSIN
EST SITUÉE LA « CASA DE ME-
DRANO ».

moudre son blé et de cuire son pain dans le moulin
et dans le four seigneuriaux, de vivre dans l'ombre du château sans permission de travailler
ailleurs. Il est vrai qu'aujourd'hui il peut prendre
femme ou marier sa fille sans demander le consen-
tement d'un maître et qu'il peut faire son testa-
ment à son gré, — mais pour ce qu'il a à léguer,
c'est un assez illusoire privilège.

La gloire d'Argamasilla était la Casa de Medrano, une solide maison de pierre, qui était probablement dans le même état, à part les quelques atteintes de la vieillesse, que lorsque Cervantes y fut gardé prisonnier dans les caves (1). Il est presque hors de doute que c'est l'endroit même où fut arrêté le projet du livre, « engendré dans une prison » (voyez le prologue de la première partie de *Don Quichotte*). Haute d'environ sept pieds, et d'une surface de vingt-sept pieds sur huit, cette cave malsaine, éclairée par un simple trou, est si obscure, que la porte fermée (c'est encore la porte d'autrefois qui survit en partie avec ses gonds et ses clous), on est certain que Cervantes ne put y écrire une ligne. Mais hasarder cette assertion serait faire aux habitants d'Argamasilla une insulte personnelle.

Comme Cervantes dit que « ce livre, enfant de son esprit, fut conçu dans une prison », vous ne ferez pas démordre les Argamasillans que l'ouvrage tout entier (même la seconde partie qui fut écrite dix ans plus tard que la première) fut composé, dans cette prison, jusqu'à la dernière ligne.

---

1. La partie en ruines de la maison, communiquant par une simple et étroite porte avec la partie en bon état, montre visiblement l'influence des Maures sur la vie sociale de l'époque; c'était le harem, ou plutôt la prison, où les femmes de la maison étaient tenues à l'écart de toute indiscrétion possible.

Chapitre Deuxième

L'ENTRÉE DE LA CAVE AYANT SERVI DE PRISON
A CERVANTES, DANS LA COUR DE LA CASA MEDRANO.

Les villages de la Nouvelle-Castille se dispu-
tent avec acharnement l'honneur d'avoir donné
naissance à Cervantes ou à son héros. Des traditions locales sont conservées — ou inventées —
pour prouver, par des dissertations très longues

et assez folâtres (il y en a qui forment de gros livres), que Cervantes et Don Quichotte accomplirent dans chacun de ces villages toutes sortes d'actions. Au bas mot, si l'on prend en considération les prétendants les plus notoires, Cervantes est né au moins dans six endroits différents. Cela ne l'a pas empêché de vivre incompris et misérable. Son chef-d'œuvre, qui est devenu un des trésors de l'humanité et dont il a été publié plus de trois cents éditions, plus de la moitié en traductions, est depuis plus d'un siècle et demi un des livres de chevet de l'immense foule. En Espagne, on le considéra comme à peine digne de l'attention des lettrés. C'est en Angleterre que l'on s'avisa tout d'abord de sa valeur. « L'Espagne, dit H.-W. Wats, peut avoir donné naissance à l'enfant, mais c'est l'Angleterre qui fut sa mère nourricière. » Depuis lors les Espagnols ont énergiquement lutté pour rendre une tardive justice au « Prince des génies de l'Espagne ». Un tribut lui a été payé dans cet endroit même; dans cette Casa de Medrano, il y a trente ans, Rivadeneyra installa une imprimerie rien que pour publier deux éditions magnifiques de *Don Quichotte*, et une Infante tira de la presse les premières feuilles de la grande édition.

Cette maison, avec le précieux souvenir histo-

Chapitre Deuxième

rique qui s'y rattache, est maintenant la demeure
d'un personnage qui cumule les fonctions de chef
de la poste et le métier de cordonnier. Je lui four-
nissais de temps en temps la satisfaction d'amour-

LA CAVE-PRISON ET SA VIEILLE PORTE.

propre de lui faire quitter un instant son escabeau
de savetier pour revêtir sa dignité gouvernemen-
tale, et cette métamorphose l'amusait autant que
moi. Il recevait avec beaucoup de respect ces mis-
sives pour des pays lointains et il demeurait pendant quelques moments dans l'étonnement qu'il
leur fallût tant de jours pour arriver à destination,

et qu'un de ces jours elles dussent passer de ses
mains entre les mains de facteurs américains.
Il les accompagnait par la pensée; à chacune de
nos rencontres, il se livrait à des hypothèses sur la
distance qu'elles pouvaient avoir déjà parcourue.
Et, lorsque, sur mon départ de la Manche, je lui
annonçai que tout était bien arrivé, il fut extrê-
mement heureux : « Dieu merci, señor, me dit-il.
notre service postal est remarquable. »

Maintenant, manifester son zèle pour Cervantes, c'est un honneur national, un monopole
que chaque village tâche d'accaparer. Dans ce
pays de contrastes, où les différences de climats et
d'aspects ont fait de la Péninsule un pays de provinces très distinctes de mœurs et de costumes,
le patriotisme est comme organisé par sections.
« Je ne suis pas un Espagnol, je suis un Cata-
lan, » proverbe qui indique bien cet état d'esprit
général. Mais ici, dans la Manche, les villages en
sont presque à couteaux tirés les uns contre les
autres, simplement à propos de Cervantes. Il est
prouvé d'ailleurs que Miguel de Cervantes naquit
à Alcala de Henares, une ville de Nouvelle-
Castille, à l'est de Madrid, et que c'est à Argamasilla que fut engendré « ce chétif, bizarre et
falot enfant de son génie ». Il y a aussi de fortes

Chapitre Deuxième

probabilités en faveur de la prétention locale selon
laquelle l'original de Don Quichotte aurait été
Don Pacheco, collecteur
royal des impôts, et le seul
hidalgo d'Argamasilla
au moment ou Cer-
vantes se trouvait
dans la ville. C'est sur
l'ordre de Pache-
co que Cervantes
avait été emprison-
né dans la cave de la
Casa de Medrano, et la
maison de Pacheco,
récemment démolie,
répond par plus d'un
point à la description
qui en est faite dans le
livre. Une vieille pein-

ture, conservée dans l'église paroissiale, le représente, avec sa nièce, agenouillé devant la Vierge,
qu'il remercie de son assistance ; la jolie inscrip-
tion suivante, au bas de la peinture, en fait
ainsi foi :

« Notre-Dame apparut à Don Rodrigo de
Pacheco, la veille de la Saint-Mathieu, en l'an

1601, et elle le guérit. Il avait fait vœu de lui consacrer une lampe d'argent, et elle veilla sur lui nuit et jour pendant la grande affliction à lui causée par de grandes douleurs dans la tête, par suite d'un froid qu'il avait pris. »

Le bon prêtre de la paroisse, cervantiste par naissance et par goût, m'avait accompagné dans son église; il avait été heureux de l'intérêt que je prenais à la peinture. Déguisant, à la castillane, sous des fleurs de rhétorique l'objet principal de son argumentation, il faisait tous ses efforts pour me faire adopter sa thèse favorite, celle de tous les Argamasillans. Il ne me semblait pas pourtant que je fusse indocile à l'idée que c'était bien là Don Quichotte, en chair et en os. Les fortes pommettes et les yeux hagards étaient bien ceux de Don Quichotte, quoique la lèvre inférieure très sensuelle lui ressemblât moins. Mais plus tard je me rendis compte que je n'avais pas montré assez d'enthousiasme pour rassurer ma nouvelle connaissance, car durant mon séjour à Argamasilla il ne me lâcha pas. Il allait jusqu'à abandonner fréquemment sa chaise favorite dans la boutique du barbier, pour venir me prouver et me reprouver que Don Quichotte et Don Pacheco ne faisaient qu'un. Il espérait que, de retour en Amérique, je

LA CHAISE FAVORITE DU PRÊTRE CHEZ LE BARBIER

Chapitre Deuxième

LA NIÈCE DU PRÊTRE A SON BALCON.

jetterais à tout venant le défi de me démontrer le contraire, et qu'ainsi j'exalterais la gloire et le renom de sa ville.

Car l'Amérique, en dépit de toutes les expé-

Au Pays de Don Quichotte

riences passées, demeure dans l'esprit populaire,
pour les Espagnols, un mystérieux *El Dorado*, mer-
veilleux de végétation et regorgeant d'or. Les
Américains, malgré leur bizarre genre de vie,
semblent étrangement curieux à ces bons paysans
qui les considèrent tous (car ils ne font guère de
différence entre le nord et le midi, entre l'Amérique qui parle espagnol et celle qui parle anglais)
comme des descendants des grands Conquistadores
et des Indiens, comme des sortes de bâtards de
l'Espagne qui se sont enrichis aux dépens de la
mère patrie, mais qui, après tout, par leur puissance, font honneur à la grande famille espagnole.

Ce brave prêtre installa même sa nièce en observation à une fenêtre de sa confortable demeure, pour me signaler à lui chaque fois que je passerais dans la rue solitaire, et afin qu'il pût

CURIOSITÉ FÉMININE.

Chapitre Deuxième

bien savoir où
j'allais, et me ren-
contrer, et me bien
tenir par le bouton
de ma jaquette.
Du reste, cette
mission n'était
pas autrement
pénible pour
la demoiselle;
c'était bien
d'accord avec
les coutumes
de l'endroit;
une approche

UN PASSANT !

de pas dans les rues désertes faisait toujours appa-
raître derrière les persiennes quelque figure de
curieux. Cette curiosité n'était point malveillante, et
l'on ne saurait se plaindre d'être un sujet d'inno-
cente distraction pour ces pauvres gens, prisonniers à jamais dans le cercle étroit de leur petite vie.
Toutes les fois que je sortais, c'étaient des stratagèmes pour pouvoir m'observer sans impertinence.
On avait quelque commission à faire, à arroser
la rue, par exemple; ou bien c'était une femme
engagée avec sa voisine dans une grande conver-

sation sur le pas de la porte, avec des gestes à propos de quelque chose qu'on ne disait pas, des yeux fixés, des oreilles dressées, sur le chemin de cet être tout à fait exceptionnel : un Américain à Argamasilla.

Le dernier soir, je fis avec Gregorio une promenade à travers le village; nous secouions la poussière épaisse, frappant des pieds sur les grossiers pavés des petites rues irrégulières et sans trottoirs. Çà et là un chariot était remisé; des groupes étaient assis en silence devant les portes ouvertes, où les lumières, dans cette harmonie grise et pourpre, piquaient une note chaude, comme une fleur éclatante dans la chevelure d'ébène d'une Andalouse. On échangeait tout le long du chemin les salutations d'usage à voix basse et grave : « Allez avec Dieu! » Nous nous assîmes sur le petit pont jeté sur la curieuse rivière du Guadiana. Dans le feuillage épais, les rossignols chantaient et les petites chutes d'eau jouaient l'accompagnement. Gregorio me raconta maintes histoires, qui avaient un parfum de bon vieux temps, sur le compte de cet étonnant Guadiana, prenant naissance dans les marais, puis ayant un cours de plusieurs lieues, puis se perdant soudain pour reparaître sept lieues plus loin. « Un vrai

LA PLACE D'ARGAMASILLA UN JOUR DE MARCHÉ

mystère, hein? dit mon compagnon. Un jour le roi d'Espagne causait de son pays avec le roi de France. Ça le chagrinait d'apprendre que tout ce que l'Espagne possédait, la France en avait aussi. Des olives, du blé, du raisin, la France avait de tout ça. Mais voilà que le roi d'Espagne se met à penser au Guadiana, et qu'il dit : « Moi, j'ai un « pont qui a sept lieues de long. » Pour le coup, le pauvre roi de France n'eut rien à répliquer. »

Devisant ainsi, dans la brume du soir, violette et étouffante, Gregorio et moi nous nous en allions, suivis respectueusement à distance par quelques courtisans traînant la savate. Nous nous rendions en flânant par la ruelle silencieuse où les maisons en bordure prenaient des attitudes de choses affaissées, de vieux corps infirmes exténués, vers la Bodega, qui au dire des Argamasillans remplace depuis fort peu de temps la maison même du chevalier Rodrigo de Pacheco, l'original du portrait de l'église, et sinon l'original du moins un des types d'après lesquels Cervantes a conçu son personnage de Don Quichotte.

La tristesse de cette agglomération de bicoques a quelque chose qui vous serre le cœur et force votre sympathie et votre pitié. Cette impression est rendue plus poignante encore par des échappées sur la campagne plate, immense, vide, où dans les lointains les montagnes roses sourient comme des visions de paradis futur.

La Bodega, au milieu de cette pauvreté et dans ce cadre de rêve, est hideuse de brutale modernité. Heureusement, elle n'est visible que de près, cachée, comme l'était la demeure de Pacheco qu'elle remplace, par le même enclos de murs très anciens, où une porte basse, rapiécée, verrouillée, s'ouvre sur la plaine.

Sans doute c'est par cette porte même que le vaillant chevalier partit en quête d'aventures. Nous revoyons dans ce sordide présent flamboyer le passé glorieux. Et Don Quichotte est là, baissant la tête pour franchir cette porte basse. Sur sa fidèle Rossinante, après avoir embrassé son écu et empoigné sa lance, il se jette le cœur ferme dans cette grande bataille contre toutes les iniquités. C'est à quelques centaines de mètres, là, devant nous, que le terrible scrupule faillit le faire revenir sur ses pas : « Il n'était pas armé chevalier ! »

III

La caverne de Montesinos. — Le chariot d'Ézéchiel. — Les *guardias civiles*. — Ruidera. — Osa de Montiel. — La caverne. — Les lagunes de Ruidera.

LA première semaine de mon séjour à Montesinos, j'eus la bonne fortune de m'assurer les services d'Ézéchiel, un vieux brave homme, propriétaire d'un char à mule, et connaissant bien les pays environnants.

C'est avec Ézéchiel que j'ai alors parcouru pendant de longues journées cette pauvre contrée de la Manche. Si j'eus à payer mes belles explorations de quelques fatigues et privations physiques, c'était compris dans le programme. Et quelles compensations dans cette fréquentation

Au Pays de Don Quichotte

constante d'êtres simples, d'êtres d'un autre âge,
dans cette contemplation des décors magnifiques,
avec leurs châteaux et leurs caravansérails en
ruines; enfin les vieilles coutumes, les légendes
qui s'attachent à chaque morceau de cette terre
historique et romantique, comme le lierre à un
vieux chêne noueux!

Il est un peu moins de deux heures du matin.
Je trouve, pour notre entrée en campagne, Ézéchiel
devant la porte de la posada, chargeant son char
à deux roues de toutes sortes de provisions,
œufs durs, miches, outres de vin et d'eau, sans
compter l'inséparable compagnon de tout habitant de la Manche, l'indispensable fusil. Nous
faisons quelques pas et, semblables à Don Quichotte et à Sancho, « nous sortons du village
sans que personne nous voie ». Nous voilà en
pleins champs.

Malgré l'obscurité, il règne une sorte de
vague lueur qui imprègne la terre et le ciel et
donne au paysage comme l'aspect fantastique
d'une région des songes. Les silhouettes incer-
taines, et comme estompées, des deux *guardias
civiles* qui nous escortent, dansent en avant de
nous comme des fantômes. Notre mule semble
s'évanouir dans les ténèbres; les seules choses qui

paraissent vrai-
ment vivantes
sont, au-dessus
de l'horizon,
deux étoiles,
comme deux
yeux qui nous
guetteraient.

Étendu sur
un des bancs
qui garnissent
le char, je som-
meille paisible-

LA CHARRETTE D'EZÉCHIEL
A LA PORTE DE LA POSADA D'ARGAMASILLA.

ment, bercé par le souffle apaisé de notre vieille
mère la Terre, — une grandiose berceuse, —
formée de tous les bruits infinitésimaux de la
nature, sur laquelle broche en un rythme argenté
le charmant tintement des clochettes de l'attelage.

Tranquillement, le char monte et descend
des collines invisibles; il avance, dans sa course
monotone, à travers la solitude, avec des craque-
ments qui sont comme les « ahans » d'une créature
vivante. De temps en temps, tel un guerrier qui
se prépare à un assaut, notre mule s'arrête un
instant pour rassembler ses forces et mieux sur-
monter quelque invisible obstacle. Alors suit un

Au Pays de Don Quichotte

cahot, et parfois, du banc mal équarri, on descend un peu brusquement dans le filet de cordes qui forme le fond du véhicule.

Mais le jour approche. Le pays se révèle peu à peu, lentement, en une série de panoramas, de progressifs changements à vue. La plaine désolée est maintenant derrière nous ; le décor pittoresque, sauvage, de la montagne, nous environne....

Comme les deux figures de Don Quichotte et de Sancho apparaissent naturellement, se dessinent pathétiques, sur cet admirable fond ! Comme elles s'harmonisent avec les sévères, les grandioses lignes des rocheux escarpements couronnés de ruines !

Nous passons près de quantité de moulins à foulon auxquels Cervantes peut avoir songé lorsqu'il écrivit son vingtième chapitre, car sa description s'accorde bien avec cet ensemble de rocs et d'arbres élevés. Les paysans qui vivaient là au temps de Cervantes n'ont point dû différer quant à l'aspect, au type, au costume, des gaillards que nous rencontrons, bronzés, façon d'Arabes, de qui les idées et la vie doivent aussi fort ressembler à celles de leurs ancêtres.

Les moulins eux-mêmes, accusant par leur

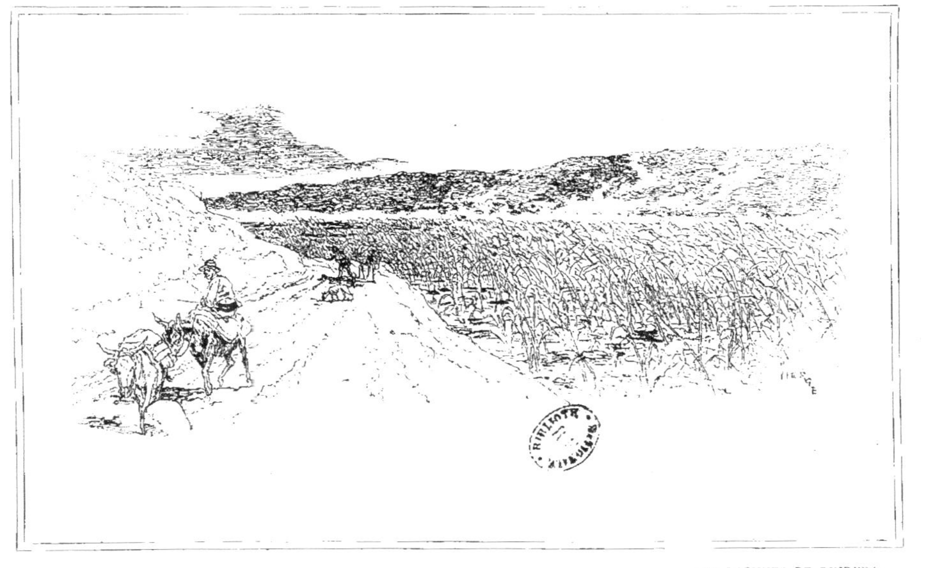

LES LAGUNES DE RUIDERA.

apparence leur extrême vieillesse, sont fort à peindre avec la mousse qui les envahit et les fils de la Vierge qui les revêtent.

On aime à supposer que ce sont les mêmes *batanes* qui procurèrent au vaillant chevalier de si terribles sensations et tant d'effroi à son fidèle écuyer. Pourtant, on a établi la concordance des chimériques aventures du héros du roman avec les données positives de la géographie ; et nous savons, ce que Cervantes ignora probablement lui-même, que les batanes qu'il décrivit étaient situés dans un endroit déterminé à l'est de Ciudad Real.

Le grand chemin commence à border les lagunes de Ruidera. Une chaîne de miroirs de lapis, une couronne d'éblouissantes chutes, formées par le Guadiana, l'imposante rivière par excellence du pays de Don Quichotte.

Vers 9 heures, au moment où nous regardions une chute d'eau, nous tombons sur Ruidera, une poignée de bicoques disséminées, rendues encore plus écrasées par les énormes ruines d'un palais. Ce fut une des seigneuriales résidences du puissant ordre de Saint-Jean, au service duquel fut Cervantes en qualité de collecteur de taxes.

Au Pays de Don Quichotte

Comme nous nous engageons dans l'unique
rue, — je dis rue par courtoisie, et aussi faute
d'un mot plus approprié, — je comprends bientôt
les raisons que les gens d'Argamasilla ont de se
montrer fiers de leur village.

Argamasilla est une cité moderne très civili-
sée auprès de ces masures branlantes, aux portes
disjointes ou rattachées avec des cordes, mainte-
nues avec des pierres, ou encore des embrasures
sans porte, enfin un effroyable étalage, partout.
de saleté ou de décrépitude.

On laisse le char au dehors, en plein soleil.
Nos *guardias civiles* sont entourés d'une cour de

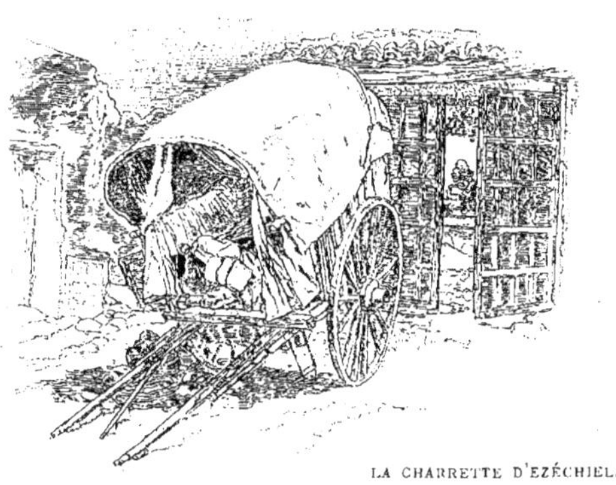

LA CHARRETTE D'EZÉCHIEL.

SCÈNE DANS UNE RUE DE RUIDERA.

5

Chapitre Troisième

villageois expansifs. Pour moi, je vais chercher refuge contre la chaleur dans la maison
qui offre gîte aux voyageurs.

Une servante, jeune, mais
fanée, ridée, les jupes
ficelées autour des han-
ches, les cheveux épars,
se met à balayer la
couche de poussière,
épaisse d'un pouce, qui
recouvre le sol de terre
battue. Elle s'affaire,
avec les bizarres, les
nerveux mouvements
d'une chèvre de mon-
tagnes; lorsque je lui
commande de cesser cet
exercice inutile, elle fait
un soubresaut, comme
si on l'avait battue, et
elle jette autour d'elle un
regard sauvage, effrayé.

UNE FEMME DE RUIDERA.

Ézéchiel a quelque peine à la pousser vers la
cour et à la déterminer à faire la cuisine en
plein air.

Les murailles blanchies à la chaux de la

chambre d'apparat, la seule chambre d'ailleurs de cette auberge de dernier ordre, le plafond aux poutres enfumées, les jarres, les outres desséchées dans les coins, les harnais accrochés, tout cela rivalise à qui cachera le mieux son identité sous la plus épaisse couche de crasse ou de poussière.

Il y a deux sophas, deux impossibles sophas qui sont là plutôt pour l'ornement que pour l'utilité, avec leurs coussins aplatis, remplis de vieux chiffons et gardant fidèlement l'empreinte du dernier coucheur. Pas de fenêtre; une fraîche lumière bleue descend par la cheminée, et des filets de soleil percent par les trous et les fentes de la porte, faisant vibrer et briller les millions d'atomes.

Pendant qu'au dehors on nous prépare le déjeuner, les guardias se hasardent à entrer et me régalent d'une des plus jolies scènes qu'on puisse souhaiter dans un roman picaresque. Sans doute, ils ne sont pas corruptibles aux pourboires, et leur consigne est rigoureusement de se contenter de leur seule paye, qu'ils portent avec eux dans les voyages. Seulement, c'est tout de même quelqu'un de tombé du ciel qu'un voyageur capable de commander de la viande pour son repas et probablement aussi du vin à profusion. Et

AUTRE SCÈNE DANS UNE RUE DE RUIDERA.

Chapitre Troisième

comment s'empêcher, quand par hasard on ne se trouve pas loin du voyageur au moment de ce repas, de se rendre agréable, de dire toutes sortes de jolies choses avec un sourire qui découvre inconsciemment la rangée de dents blanches, brillantes, petites et tranchantes, toutes prêtes pour la proie?

L'honnête Ézéchiel m'avait mis en garde contre les pièges que l'on cherche à tendre en ces occasions, mais je ne pus renoncer au plaisir d'y tomber à l'instant, ce qui fut une vraie boulette. Je leur dis que, « naturellement, j'espérais bien qu'ils me feraient l'honneur de partager mon repas ».

La proie se montrant si facile, aussitôt le plan de campagne de mes nouveaux amis et parasites se développa avec ampleur. Pourquoi ne pas remanier l'ordre de mon voyage, de façon à se donner aussi peu de chemin et autant de réjouissance que possible?

Alors ce sont les arguments les plus séduisants, les fleurs de rhétorique castillane les plus brillantes, les expressions recherchées et fleuries, qui coulent des lèvres de mes guardias comme eau de source. Cela m'amuse pendant une demi-heure.

Au Pays de Don Quichotte

Puis il commence à devenir visible que
l'étranger, qui peu à peu tombe de la dignité
d'*excellence* à celle de *caballero*, puis de *señor* tout
court, a des raisons et de bonnes raisons, quoique
inintelligibles pour mes amis, de s'en tenir à son
plan primitif. Cependant ils ont la bonté de m'assister pendant mon repas et de faire brillamment
la guerre aux mouches qui menacent chaque
bouchée.

Je pensais bien que ma grande outre de vin
serait quelque peu aplatie à la fin du déjeuner,
mais j'étais peu préparé à voir mes guardias dis-
paraître hàtivement et revenir avec un énorme
saladier de punch au vin que des villageois avaient
préparé pour eux, enfin renouveler plusieurs fois
ce petit exercice.

La guardia civil, fleur spéciale de culture
espagnole, demi-militaire, demi-policière, et qui
d'ailleurs, par son esprit de corps, a apporté
beaucoup de changement dans les provinces
infestées de brigands, la guardia, qui a justement mérité le titre de terreur des malfai-
teurs, a parfois quelque propension, dans les con-
trées écartées où les communications sont rares
et où l'ignorance et la peur des paysans assurent
quelque immunité, à se relâcher un peu et à se

livrer à des hauts faits de ce genre. Mais les faiblesses de quelques-uns ne diminuent en rien la haute valeur d'un corps qui, dans son ensemble (28 000 hommes), est admirablement discipliné et rend d'excellents services.

Quand je fus prêt à repartir, vers midi, mes dignes défenseurs étaient vautrés, dans tout leur uniforme, sur les sophas ci-dessus décrits, et ronflaient comme de jeunes taureaux en fureur. Je fus assez content de partir sans eux.

A mesure que nous nous éloignons de la rivière, le pays devient désolé et sauvage. De rouges buttes de terre nous entourent pendant des heures ; elles sont pourvues de bizarres bouquets de bas et rampants arbres, qui prennent des aspects de troupeaux moutonniers. Le thermomètre marque 38 degrés à l'ombre, et cependant cette atmosphère de fournaise est sèche, pleine d'ozone, richement embaumée de l'arome des sauvages végétations montagneuses. Les heures passent dans la délicieuse monotonie des sites ; et seule la chanson des sauterelles grésillantes, grouillantes, sautillantes, les égaye. Combien vraie est l'expression espagnole correspondant à notre « canicule » : *les jours où chante la sauterelle!* la sauterelle qui se réjouit dans l'extrême chaleur, mais de qui le chant ne sert qu'à mieux scander le silence des solitudes.

Dans les bons endroits, le char sans ressorts, avec son solide moyeu de fer, est agité d'un continuel tremblement, rehaussé de quelques cahots. Dans les mauvais endroits, c'est l'inverse, et les petits bercements trépidants forment une rare diversion à la continue série de cahots, à la danse de soubresauts. Notre brave petite mule, bête à ressort, elle, marche d'un pas égal pourtant ; elle choisit délicatement son chemin parmi les pierres, elle traîne son fardeau à travers la dure route, comme si c'était pour elle un jeu. Elle

Chapitre Troisième

représente dignement sa race, et son patron est aussi un bel exemple de fraternité muletière. Il ne se sert même pas d'un fouet ; la mule comprend toutes ses paroles. On monte une colline abrupte, il l'encourage d'une série ininterrompue d'interjections flatteuses : « *Hija ! Morena !* Ma fille ! Ma brunette ! Un de plus, ma fille ! Bon ! En avant ! Beauté ! *Aya ! Arrrarha !* Nous y voilà ! » La bonne bête fait un visible effort à chaque parole. Quand on est au haut, Ézéchiel la récompense d'un « *Guapa !* Beauté ! Vas-y doucement maintenant, ma belle ! » et, de sa voix paisible, il se met à faire l'éloge de sa mule, qui est sa fortune.

Il pourrait vraiment parler tout comme Sancho à son âne : « O enfant de mes entrailles, né chez moi, délices de ma femme, envie de mes voisins, compagnon de mes misères, et, par-dessus tout, appui de la moitié de ma personne ! car tu me gagnes 26 maravédis par jour, la moitié de ce qu'il me faut pour vivre ! »

Ézéchiel a une femme. Il ne parle pas d'elle, ce serait contraire à l'usage, mais on sent qu'elle occupe toute son arrière-pensée. J'apprends, toutefois, qu'ils ont du souci en ce moment : le cochon qu'ils engraissent ne vient pas très bien.

Au Pays de Don Quichotte

Comme tous les gens de la Manche, il afferme un petit champ à un riche propriétaire ; cela lui fournit les pommes de terre et l'orge pour payer ce seigneur, et assez, en outre, quand tout va bien, pour empêcher le loup d'entrer.

Pour vous donner une idée de la modicité de son revenu, il vous suffit de savoir que le seul argent qui tombe dans la maison provient de ses courses, des commissions et des transports qu'il peut faire avec son char. Or, il a bien la valeur d'un mois dans l'année à faire ce travail, et il gagne à peu près 4 pesetas (un peu moins de 4 francs) par jour ; et là-dessus il faut payer sa nourriture et son logement et ceux de sa mule

UNE RUE DANS MONTIEL.

pendant ses expéditions. Le peu d'argent qu'il se fait ainsi sert à payer le loyer et à se procurer les quelques ustensiles de ménage et de labourage, le coton et la laine dont sa femme fait leurs habits.

L'après-midi est très avancé ; nous n'avons rencontré personne depuis notre départ de Ruidera ; nous traversons Osa de Montiel, dont les maisons nous sont cachées à demi par des nuages de poussière soulevée par le battage du grain dans tout le village. Une heure après, Ézéchiel, qui n'avait pas encore fait ce chemin, se désoriente, et nous voilà à errer très péniblement à travers les broussailles jusqu'à ce que nous

77

retrouvions, béante devant nous, la vallée du Guadiana.

Ce n'est pas chose très facile que de déter-miner l'endroit exact qui fait le but de notre voyage, la fameuse caverne de Montesinos, « dont on dit encore tant de merveilles dans le pays ». Un peu plus, nous abandonnerions la recherche, lorsque la rencontre d'un chevrier nous vient en aide. Ma foi, rien n'était plus à souhait que de trouver pour guide au mystérieux endroit un aussi pittoresque personnage que ce chevrier, vêtu du costume primitif, qui n'a pas changé depuis des siècles, et portant bâton courbé à la main, corne à la ceinture.

Mon examen me rendit évident que Cervantes a connu personnellement l'endroit : sa description, malicieusement exagérée pour le ton du roman, est l'exacte nature, et pleine de couleur locale. L'auteur des *Vagabondages en Espagne*, lui, s'est trompé en plaçant à gauche, en descendant la caverne le recoin ou la chambre dont parle Don Quichotte. C'est bien à droite, et le fait n'est pas sans importance,

Chapitre Troisième

puisque le « Vagabond » affirme que Cervantes
n'avait pas vu la caverne, mais en avait seulement entendu parler. Nous n'avions pas fait
provision de lumières, aussi ne pus-je pas sonder
les mystérieux recoins de la grotte. Cela ne
surprit d'ailleurs point Ézéchiel ni le chevrier,
qui étaient sûrs que jamais homme n'avait pu y
pénétrer : des obstacles insurmontables tout le
long du chemin, un chemin traître, un lac sans
fond, un torrent furieux, et Dieu sait quoi encore !

« Mais pour sûr il doit se trouver là des
monceaux d'or et de diamants ! » disaient-ils.
Ainsi affirmaient-ils la persistance des traditions,
car il est infiniment probable que la caverne de
Montesinos n'est qu'une vieille mine de cuivre du
temps des Romains. Quant à la sauvagerie fantastique du lieu, elle est inimaginable.

Un mélange de sévérité et de charme, voilà ce

Au Pays de Don Quichotte

qui fait de cette vallée du haut Guadiana un des
recueils de paysages les plus variés, les plus
séduisants et les plus impressionnants que j'aie
rencontrés. Quand arrive le soir, la délicate
rougeur du ciel après le coucher du soleil est
toute bigarrée de voile lumineux : la terre reprend
toute la solidité d'aspect, toute la sobriété, la
force de couleur, que lui ravissait le soleil.

IV

C'EST la nuit noire lorsque nous arrivons, après avoir quitté la caverne de Montesinos, à Cortijo de San Pedro, c'est-à-dire aux trois ou quatre bicoques qui portent ce nom sonore.

Nous avons soupé en chemin, et je suis trop fatigué pour m'occuper des nouvelles façons de faire de mes amis les guardias civiles, que je retrouve ici, je dois le dire à leur décharge, un peu honteux d'eux-mêmes.

En pénétrant dans la tanière (environ 10 pieds sur 15) où je dois loger cette nuit, je trouve le luxe de draps propres recouvrant un matelas de paille placé sur un des deux bancs de pierre de chaque côté de la cheminée. Sur l'autre banc, un jeune homme est étendu tout de son long et dort péniblement. Les guardias, pour dormir, s'étendent sur le sol, tout habillés, sauf leurs bottes, et, grâce à l'habitude et aussi aux glorieuses fumées du déjeuner, réussissent à trouver le sommeil. Outre la porte d'entrée, il y a encore deux passages, sans portes, conduisant l'une au cabinet monopolisé par l'amo et sa femme, l'autre à l'étable.

Dormir, il n'y faut pas songer. La pierre même qui supporte mon matelas grouille de vie animale. J'aime mieux cependant demeurer couché tout éveillé que de sortir, car dehors règne une froide brume toute saturée de la malaria qui provient des marécages environnants.

Vers une heure du matin, un muletier frappe violemment à la porte.

L'amo se lève, allume la lampe, pareille à celle des Romains de l'ancien temps et des Mores d'à présent, et voici qu'entre en galopant une troupe de mules qui passe à l'étable. Il n'y a pas de place pour toutes les bêtes dans cette étable, aussi le nouvel arrivant s'étend sur le sol de notre chambre, entre deux de ses mules, dont les

Chapitre Quatrième

clochettes, tintinnabulant nerveusement, disent le
supplice, supplice qui est aussi celui des autres

UNE VALLÉE SUPÉRIEURE DU GUADIANA.

dormeurs, et que l'on devine à les entendre se
plaindre, grogner, remuer brusquement.

O dura tellus Iberiæ!

Enfin, n'y pouvant plus tenir, je quitte la
chambre et je supplie Ézéchiel de préparer le
départ, pendant que je vais faire une excursion à
l'ermitage de Saelices, le même peut-être, *quien
sabe?* où Don Quichotte, Sancho et l'étudiant
s'arrêtèrent en revenant de la caverne enchantée
de Montesinos, et où n'ayant pas eu la bonne
fortune de rencontrer l'ermite, mais seulement sa

femme (rencontre qui n'avait rien de trop extraordinaire dans les ermitages de ce temps-là), ils
devaient renoncer à ce que Sancho désirait si
vivement trouver : un coup de bon vin.

« Si j'avais eu une soif d'eau, il y avait assez
de puits et de sources sur la route pour l'apaiser, »
répondit-il assez brusquement à la femme qui lui
offrait cet insuffisant équivalent.

Il ne faudrait pas beaucoup d'argent pour
restaurer la chapelle
dans son état originel,
car elle est bien bâtie.
Mais de nos jours ce
n'est plus la mode des
ermites, et la nom-
breuse armée. des
prêtres et des moines
s'est tellement res-
treinte peu à peu dans
tout le pays, de plus
en plus pauvre chaque
année, que beaucoup
d'églises et de cha-
pelles tombent en
ruine.

Un homme que

ENTRÉE DE L'ERMITAGE DE SAELICES.

Chapitre Quatrième

RUINES DE L'ERMITAGE DE SAELICES.

nous trouvons flânant près de la maison propose

de nous donner un coup de main pour harnacher la mule. En partant, Ézéchiel me dit : « Vous avez vu cet homme-là ? Il va bientôt aller en prison. Pauvre diable, il a eu le malheur de tuer son frère. »

Son cas est assez typique et montre le caractère de ces gens. Ce Carlos avait un frère, Miguel, qui un matin s'amusa à jeter des pierres à son chien. Carlos, entendant son chien aboyer, sort, voit Miguel, lui dit de cesser. Miguel refuse, et il ajoute que si Carlos ne rentre pas tout de suite chez lui et ne se tait pas, c'est à lui qu'il jettera des pierres. Là-dessus Carlos rentre chez lui, prend son fusil, revient sur sa porte, ajuste son frère, le tue.

Je demande à Ézéchiel : « Pourquoi Miguel tourmentait-il le chien ? Avait-il été mordu ?

— Non, dit Ézéchiel ; je ne crois pas. Mais, voyez-vous, Miguel avait plusieurs filles. Et vous savez le proverbe : trois filles et une femme, quatre démons pour un père de famille. *Tres hijas y una madre, quatro diablos para un padre.*

— Et pourquoi Carlos est-il en liberté ?

— Eh ! son jugement n'aura lieu que dans un mois environ, alors on l'emmènera en prison.

— On n'a donc pas peur qu'il s'en aille pendant ce temps-là ?

LONGEANT LA LAGUNE PRÈS DE CORTIJO DE SAN PEDRO.

— Mais non. Où diable voulez-vous qu'il aille, señor ? Il ne peut pas se cacher dans les sierras ; les guardias le trouveraient facilement. Il ne peut pas prendre un train pour aller n'importe où. Il n'a jamais pris le chemin de fer une seule fois dans sa vie, pas plus que moi d'ailleurs, et il ne saurait pas où aller. »

Je demandai quelle peine il avait chance d'encourir pour son crime.

Le vieux me répondit : « Je ne sais pas. Peut-être dix ans. Probablement moins. Il avait été provoqué, voyez-vous ! »

Nous côtoyons les bords des lagunes, et c'est toute une succession de délicieux petits Corot, qui apparaissent à chaque détour de route. Une gaze d'argent enveloppe ces paysages, estompant les détails et laissant seulement l'impression de larges masses dans des tons rompus, se dégradant jusqu'au bleu opalin le plus léger.

On passe près du château de Rochafrida ; ses vieux murs zigzagants, épais de 4 mètres et

LA LAGUNE DE LA COLGADA, PRÈS DE LA CAVE DE MONTESINOS.

demi, percés seulement de quelques petits jours, ses puissantes tours crénelées qui dominent encore les rochers, sorte de bras qui s'élève solitaire parmi une mer de roseaux au milieu d'un lac, tout cela paraît si terriblement robuste et massif que l'imagination se reporte brusquement au temps du Moyen âge.

Le site a un caractère grandiose.

Les collines, des deux côtés du lac, mon-

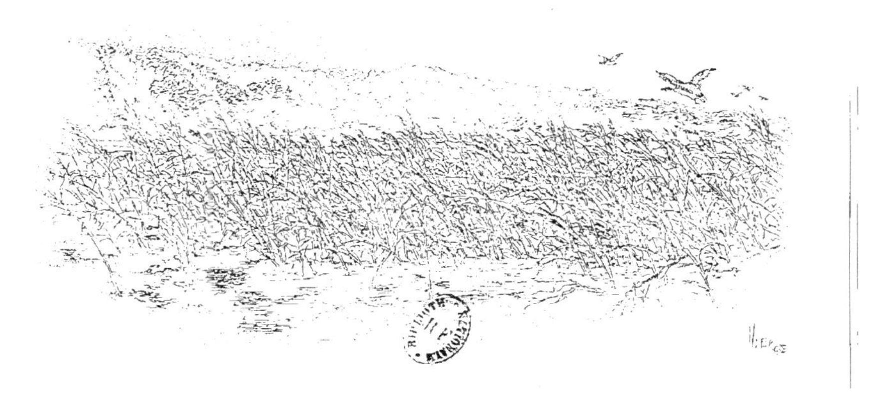

LE BORD D'UNE LAGUNE.

trent leurs flancs dénudés, zébrés d'étranges tons métalliques, des jaunes, des rouges, des pourpres, en bandes et en masses, alternant dans

HUTTES DE BERGERS.

une barbare splendeur, augmentée encore par le contraste des arbres recroquevillés, gnomes végétaux qui s'accrochent aux crevasses. Rien de beau comme le contraste entre cette nudité sauvage et le magnifique lac, avec les châtaigniers centenaires, aux nobles masses de feuillage, qui en bordent les rives.

Mais par-dessus tout, combien attire l'attention le vieux château « juché comme un faucon qui rêve chasse » ! Quel étrange spectacle pour des yeux d'homme du xixe siècle ! Avec quelle

Au Pays de Don Quichotte

force il symbolise la période du développement
de notre race sous le régime féodal ! Les légendes
carolingiennes, pleines de simplicité humaine,
qui demeurent enlacées à ces vieilles pierres,
reviennent à la mémoire, pas si loin de nous,
après tout. Les amours de la damoiselle Rosa-
florida et les déclarations du brave Montesinos
ne sont pas si différentes des romans de l'ère
nouvelle.

Nous traversons les marécages à l'extrémité
de la lagune de Rochafrida ; nous grimpons lentement la colline, et nous nous trouvons sur
l'ourlet d'une plaine déserte, rompue çà et là de
basses ondulations, une mer immense d'argile
rougeâtre, où ne poussent que quelques genévriers
rabougris et de rares bruyères. Notre route est
semblable à ces routes de caravanes, en Afrique,
larges de plusieurs centaines de mètres et faites
d'une multitude de sentiers, qui se croisent,
s'entremêlent, et parmi lesquels la mule choisit le
plus commode avec un infaillible instinct. Cette
route est pendant des heures l'unique témoignage,
dans toute cette immensité, que des hommes ont
pu passer par là, jusqu'à ce qu'enfin, dans une
brusque et abrupte dépression, lit d'un torrent
d'hiver, nous apercevions au loin quelques bergers

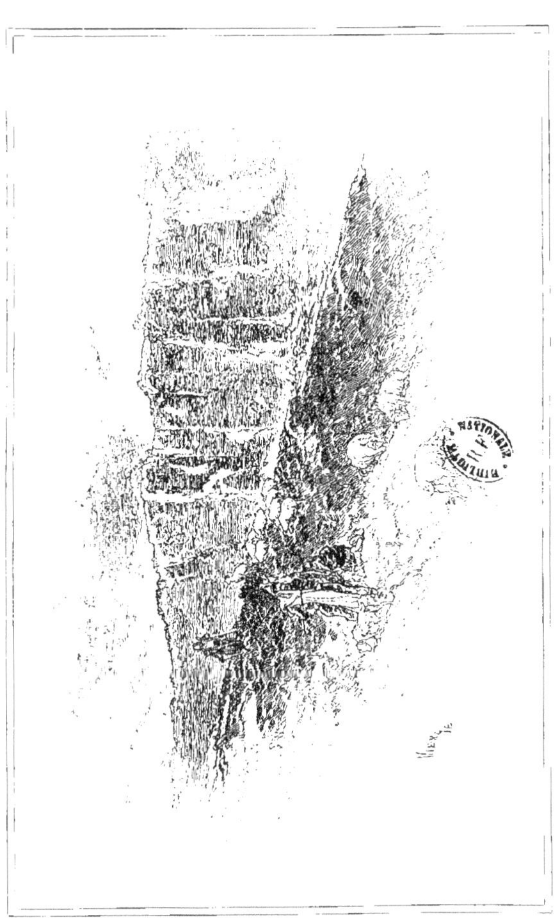

BERGERS DANS LE LIT D'UN TORRENT.

avec leurs troupeaux de moutons. Nous nous écartons de notre chemin pour les héler ; nous avons besoin de leur parler. Mais ils font signe de

TYPE DE CHEVRIER, CROQUÉ PRÈS VILLAHERMOSA.

la tête et ils s'éloignent maussadement. Il me sembla alors que c'était de leur part, étant donné ce qu'ils sont, l'acte le plus naturel du monde. On ne passe pas sa vie dans de tels lieux sans subir l'influence de leur abandon et de leur désolation. C'est la Manche aride, sauvage, qui fait ses paysans renfermés, taciturnes et sombres. Ces traits, plus ou moins caractéristiques chez tout Espagnol, ne sont-ils pas dus en grande partie à la même cause : la solitude et la sauvagerie du pays ?

Vers dix heures, à la fin d'une ascension fatigante, tortueuse, nous atteignons quelques maisons groupées autour d'une grande et vilaine église. Si jamais ville a possédé un nom qui mente à son aspect, c'est ce sordide village, baptisé *Villahermosa !* Inutile de décrire la maison qui sert d'auberge, le misérable repas que nous y trouvâmes. Qu'il suffise de dire que, dès que notre mule fut en état, nous repartîmes pour une

ARRIVÉE A VILLAHERMOSA.

CHAMBRE A COUCHER DE L'ARTISTE.

Chapitre Quatrième

reconnaissance à quelques milles au sud, à la recherche de Montiel et de quelques romantiques diversions aux durs traitements que subissait alors la partie Sancho de mon individu.

ARRIVÉE A VILLAHERMOSA. — LA BOUTIQUE DU BARBIER.

Ces diversions, je les trouvai sur-le-champ en descendant le raidillon de la vallée : la mule broncha, notre char fit le saut périlleux. Nous eûmes un moment d'amusement à réparer les dommages, et nous étions prêts à repartir quand une accorte jeune femme s'arrêta pour échanger avec Ézéchiel des vues sur l'aventure. Elle était

99

montée sur un âne ; elle portait dans ses bras un enfant, quelques paquets, et elle trouvait le moyen, tout en tenant en licou deux mules chargées, de gesticuler assez librement.

Après quelques instants de cordial bavardage, la petite caravane se mit à descendre la pente à un

LE CHATEAU DE PIERRE LE CRUEL, A MONTIEL.

trot pas mal vif, et nous suivîmes d'une allure plus circonspecte.

A deux lieues de rayon, à travers la plaine, étaient jetées, comme d'énormes monstres endormis, des buttes de formes étranges. Sur la plus haute, s'élevait ce qui reste du fameux château de Montiel. Quelle révélation des jours d'autrefois, que ces ruines, et comme elles complètent l'image évoquée par le château de Rochafrida ! Chaque nouvelle impression recueillie dans mes vagabon-

Chapitre Quatrième

dages à travers la Manche confirmait ou complé-
tait les précédentes, et me permettait de mieux en
mieux de replacer les aventures du Chevalier de
la Triste Figure dans leur cadre originel.

Au centre d'un grand plateau montagneux,
huit ou dix collines rocailleuses de moindre importance sont couchées comme des vassaux au
pied du vieux château rébarbatif. Voilà une vue
symbolisant la chevalerie et l'idée féodale qui a

LE CHATEAU DE PIERRE LE CRUEL VU DE MONTIEL.

Au Pays de Don Quichotte

dû réjouir le cœur de Don Quichotte. Cette inex-
pugnable forteresse, dont les murs peuvent défier
les injures du temps aussi robustement que le
roc sur lequel elle est bâtie, est semblable à une
aire d'aigle. C'est bien le
séjour d'où le maître, avec
ses hommes liges dans les
masures des villages situés
à ses pieds, dominait toute
la contrée tributaire. De là,
il pouvait fondre sur ses
vassaux et ses voisins, et
en faire sa proie. Les temps
sont devenus meilleurs —
même en Espagne.

UNE FEMME DE MONTIEL.

La petite localité, vrai
type de village montagnard,
prend des airs alpestres ;
chaque pierre des maisons
et des pavages est blanchie,
décolorée, mâchonnée par la dent des durs éléments. Les rues tortueuses sont habitées par de
beaux types d'humanité pittoresque, sains, les
yeux clairs, la mine altière, les costumes semblables à celui des ancêtres d'il y a trois siècles.

A la porte de la posada, où nous prenons un

Chapitre Quatrième

coup du sec et capiteux vin de Montiel, la conversation s'engage tout naturellement sur les événe-

Au Pays de Don Quichotte

ments demi-historiques, demi-légendaires, qui
sont aussi réels pour ces braves gens, et même
plus, que ce qui se passe en ce moment à Madrid
ou à Cuba. On me presse de visiter les champs
voisins où eut lieu la dernière bataille entre Don
Pedro le Cruel et Henri de Transtamare, en mars
1369. Henri massacra le roi et son frère, que
maintenaient à terre traîtreusement quelques
chevaliers français, répugnant à frapper eux-
mêmes Don Pedro, mais aidant à l'accomplisse-
ment du meurtre. Le petit cercle se monte violemment contre ces chevaliers français de 1369 :
« Ces misérables étrangers ! s'écrie le plus excité ;
ce que nous leur ferions leur affaire ! Mais ils
n'ont pas osé revenir par ici ! »

Mon Dieu, nous pouvons trouver surprenant
que ces pages d'une vieille histoire demeurent
aussi vivantes dans l'esprit de ces humbles et de
ces ignorants en plein xix° siècle, et jouent encore
un tel rôle dans leur vie, car nous nous occupons
surtout du présent et rejetons rarement un regard
en arrière. Mais quand on pense combien ces paysans sont familiarisés avec les vieux romanceros,
on croirait que le développement moral et humain
de la civilisation a eu, par places, des arrêts. En
effet, ces Espagnols d'à présent ressemblent

beaucoup aux Anglais de l'époque d'Élisabeth, dont les esprits étaient remplis des légendaires aventures des héros, précisément, des mêmes romans.

Jusserand, dans son *Roman anglais du temps de Shakespeare*, montre que les traductions

et adaptations des anciens livres de chevalerie
portugais et espagnols, dont Amadis est le type,
étaient alors aussi populaires en Angleterre qu'elles
le sont devenues en France et en Allemagne. Plus
tard, même, Johnson, visitant l'évêque Perry,
trouva *Don Beliaris*, et, s'asseyant dans le jardin,
le dévora d'un bout à l'autre ; un de ces interminables romans de chevalerie était la lecture favorite de Burke.

Daniel de Foe, l'immortel auteur de *Robinson
Crusoé*, de qui les romans accusèrent une si
franche réaction contre la tradition romantique,
fut fort influencé par les romans picaresques espagnols, particulièrement par *Lazarille*, qui fut
aussi un des livres préférés de Cervantes. Et ce
Lazarille avait joué en Espagne le rôle d'une
grande protestation satirique contre les romans
romanesques, et avait affirmé l'intérêt de l'étude
des humbles et de la vie courante.

Réalisme et romantisme ne sont pas, il s'en
faut, des termes nouveaux ni des choses nouvelles. La bataille contemporaine entre les romans
naturalistes et les histoires d'aventures, fut livrée
il y a bien longtemps dans la vieille Espagne.
Mais tandis que dans les autres pays de l'ouest
de l'Europe la balance a penché tour à tour

Chapitre Quatrième

pour et contre, l'Espagne, qui vit dans son passé, a conservé la même littérature populaire que l'Angleterre lui avait empruntée au temps d'Élisabeth.

Les petits livres grossièrement imprimés, les placards ornés de bois rudimentaires que les colporteurs vendent ou donnent en prime à leurs clients dans les foires de la Manche, disent tous les mêmes aventures bien anciennes de Chevaliers chrétiens, de Damoiselles châtelaines, et de Mores. Galdos, Valdès, n'ont pas pris, si légèrement que ce soit, sur l'imagination populaire. C'est dans les villes qu'ils ont trouvé leur public, et les campagnes sont encore bercées par les aventures enchantées de ces chevaliers errants à qui Cervantes avait fait la guerre.

Nous traversâmes en silence le lieu de ce massacre fratricide... Le château de Montiel se dessinait solitaire derrière nous, tandis que, devant, Villahermosa s'étendait, silhouette empourprée comme une batterie ramassée, dominée par la haute tour de son église, sous un ciel tragique, chevauchée par un escadron ensanglanté de masses fantastiques, une armée en furieuse déroute !

Le vent du nord soufflait en bise glacée.

Au Pays de Don Quichotte

Juillet est le mois le plus chaud de l'année dans cette région ; mais si la température atteint souvent 38 degrés à l'ombre pendant le plein jour, le matin et le soir il faut porter de lourds vêtements. Nous fûmes heureux, à la misérable auberge, de prendre place dans le cercle d'hôtes silencieux assis autour d'un maigre feu de broussailles. Sur notre dos soufflait le vent, à travers les cours et les embrasures sans portes.

Il ne nous a pas fallu moins de seize heures pour retourner à Argamasilla par un chemin rarement suivi, mais qui coupe droit à travers le pays.

Le paysage, tout de plateaux sauvagement dénudés, tannés et rocailleux, alternant avec d'ombreuses et odoriférantes petites vallées, me rappela les montagnes corses. C'est peut-être parce que mon compagnon m'avait averti d'avoir à me tenir sur mes gardes et de garder mon fusil prêt.

Le chien d'Ézéchiel, un mâtin que nous n'avions pas encore vu, car il nous avait tout le temps suivis dans notre ombre et dans celle de notre char-à-bancs, sera ajouté ici à la liste des intelligentes bêtes de mon voyage. Comme conscient de sa mission, il faisait maintenant des patrouilles autour de nous, devant nous, de la façon la plus complète et la mieux affairée. Il n'y a pas de brigands dans la Manche, mais parfois tel *arriero* que l'on rencontre pourrait éprouver la tentation de vous tirer un coup de fusil, et de courir la chance de gagner quelques sous, ou même rien du tout pour sa peine.

Un arrêt pour déjeuner, près d'un puits, rendez-vous préféré de myriades de pigeons sauvages qui décrivent des cercles au-dessus de nos têtes et montrent, en nous chargeant littéralement combien les irrite notre intrusion. Comment résister à la tentation de faire une petite chasse, quand, pour ramasser un bon souper, on n'avait qu'à rôder un peu sur la lisière du bois tandis que le muletier rabattait, en criant, quantité de lapins !

En approchant d'Argamasilla, nous suivîmes le petit canal qui, avec le Guadiana, fertilise le territoire avoisinant le village. Chaque petit champ emprunte au canal, à heure fixe et pour un temps déterminé, la quantité d'eau nécessaire, qui est rigoureusement mesurée et payée.

D'après les explications d'Ézéchiel, je constatai que ce compliqué système d'irrigation, d'ailleurs parfait non moins que primitif, est exactement le même que celui que j'ai vu pratiquer dans les oasis de l'Afrique septentrionale. Et voilà encore un de ces héritages des Mores auxquels on se heurte à chaque instant en voyageant dans la Manche.

V

Le Toboso : la plaine de la Manche. — La venta de Quesada. —
La grand'route royale. — Herencia. — La fête de saint Jacques.
— L'église. — Les guitaristes. — Alcazar de San Juan. — Les
moulins à vent. — Campo de Critijano. — Toboso. — Une
auberge modèle et un aubergiste fanatique. — Une quinteria.

Nous étions partis d'Argamasilla avant le jour.
Notre petite mule avait cheminé, pendant
huit heures durant le long des arides et inhospita-
lières plaines de la Manche. En hiver, les vents
glacés de la sierra s'y déchaînent âprement, sans
contrainte. Maintenant la Manche pantelait sous
les caresses d'un soleil exaspéré. Le sol desséché
crépitait de temps en temps avec de sourdes

plaintes d'être souffrant. Ce qui nous signala le chemin que nous cherchions, ce fut des ruines.

Les ruines sont l'inévitable accompagnement de cette terre des morts : les morts, on ne peut s'empêcher de sentir leur présence, devant ces ruines silencieuses, mélancoliques, désertées par les vivants. On dirait que les siècles passés sont en marche aux côtés du voyageur, lui tiennent compagnie, et il n'y a qu'un bien petit effort d'imagination à faire pour repeupler cette vaste artère jetée par les Romains à travers l'intacte campagne. Apparaissent les Ibères, les Goths, les Mores, les Espagnols du temps où l'Espagne était le plus puissant pays civilisé du monde. Revivent Isabelle, Charles-Quint, le sombre Philippe, marchant dans le magnifique attirail de la royauté, avec leur suite de hautains Castillans. Comme on perçoit le développement de l'histoire dans de tels endroits, et combien éphémère et de peu de con-séquence apparaît la vie humaine devant l'éternité de la nature !

Mon valet Ézéchiel évoque sans le savoir quelque écho de ce passé qu'il ignore en appelant cette route *arrecife*, le nom arabe demeuré dans le dialecte de la Manche un des mille souve-

GRANDE ROUTE ROYALE ENTRE MADRID ET SÉVILLE.

Chapitre Cinquième

nirs palpables des cinq siècles de domination moresque.

Ces ruines étaient celles d'une impor- tante *venta*, d'un de ces caravansérails que l'on rencontrait à peu de lieues de distance lorsque tout le mouvement et le trafic entre Madrid et Séville passait par cette grand'route royale.

Si les ingénieuses suppositions des savants et laborieux commentateurs du roman de Cervantes sont vraies, c'est cette *venta* qui aurait eu la bonne fortune de recevoir la visite de Don Quichotte au début de ses expéditions. C'est là, dans la cour à peu près déserte, que le Chevalier de la Triste Figure tint sa nocturne veillée d'armes en atten- dant le matin où l'astucieux drôle d'aubergiste le fit chevalier.

Pour moi, cet endroit sera simplement ce qu'il est, et c'est bien assez . une de ces rares pages des vieux temps, de ces témoins muets des tragédies et des comédies, des peines et des plai- sirs de quelques-uns de ceux qui nous précédèrent dans l'humaine procession. L'arrivée de grands personnages mettant en désarroi aubergiste et serviteurs, qui en parleront longtemps; les réu- nions gaies ou tristes, les mauvais tours, les incidents picaresques, bref, toute une vie que notre monde ne connaît plus.

Il ne reste que ces murs branlants, auxquels en passant l'imagination accroche, en l'évoquant, la défroque des disparus. Et bientôt ces derniers vestiges de la venta disparaîtront à leur tour, submergés par la marée montante, inéluctable, de l'oubli! Pauvre humanité qui ne gratte le sein de ta mère, la Terre, que pour mieux creuser ton tombeau!

Le puits est vide. Nous devons reprendre notre route vers la maison du garde, deux milles plus loin. Elle est fermée.

Allons, encore vers le nord, et sur la route chauffée à blanc dans cette chaleur de fournaise. Sous la bâche de notre chariot, les brûlants rayons du soleil liquéfient le cerveau; tout le pays vacille

MENDIANT SOLITAIRE SUR LA GRANDE ROUTE ROYALE.

GRANDE ROUTE ROYALE ENTRE MADRID ET SÉVILLE.

dans la tremblante atmosphère, semblable à celle du Sahara. Deçà, delà, quelques oliviers, avec leur tronc fantastique, leurs branches nouées et crochues, semblent être une image vivante des tortures de la chaleur.

Un mendiant qui se gratte, assis dans la poussière, est le premier être humain que nous rencontrons sur la route royale. Un peu plus loin, deux hommes nous croisent : « Aussi des pauvres, » dit Ézéchiel. Étranges mendiants, avec le fusil sur l'épaule! Mais dans la Manche c'est la coutume. Ces deux gaillards semblent des figurants d'opéra; seulement leurs visages bronzés sont finement fouillés et pleins de caractère; leurs costumes sont déguenillés au delà de ce qu'on peut rêver.

Nous essayons un rapide déjeuner à l'ombre du chariot, où notre pauvre mule aussi, étendue à terre, passe sa tête pour chercher un peu de soulagement. C'est égal, c'est dur de manger sans boire. Mais après tout, c'est une expérience qui a sa valeur, ne fût-ce que pour mieux faire apprécier plus tard l'inestimable volupté de cette opération si banale dans la vie habituelle : boire un verre d'eau.

Vers quatre heures de l'après-midi, nous

trouvons enfin une autre maison de garde, et de l'eau pure et fraîche en abondance. Quel plaisir n'est-ce pas de voir la tristesse s'effacer des yeux de notre mule, pendant qu'elle boit à longs traits, que ses jambes, son échine, reprennent de l'assurance, que toute son allure change, et que la voici maintenant alerte, toute prête pour un nouvel effort. Bonne bête, va!

A travers champs de nouveau, à travers une *vega,* un pré où parmi les grands osiers dont on fait les paniers passent soudain, comme des fleurs bizarres, les têtes de poulains et de mules, paisibles, en troupeaux, les pieds baignant dans l'eau de notre vieille connaissance le Guadiana.

La route monte de colline en colline; il faut descendre et pousser à la roue. Le pays change d'aspect. Nous grimpons les premiers éperons des montagnes qui forment la limite nord des plaines de la Manche, et nous pénétrons dans une des régions les plus fertiles de l'Espagne agricole. Cependant, à cette époque de l'année, pas trace de végétation. La terre toute nue, les collines désolées, toutes sillonnées des ravins que tracèrent les chutes d'eau printanières, voilà tout ce que rencontre le regard.

Il fait nuit; il est dix heures lorsque nous

LA PLAZA D'HERENCIA ET LA FONDA.

Chapitre Cinquième

arrivons à Herencia, ayant fait cinquante milles dans notre journée, et en majeure partie sur des routes atroces.

L'auberge avec son enseigne, une croix de bois qui pendille au-dessus de la porte, nous paraît un endroit magnifique, après une aussi dure étape. Telle la venta de Quesada, que nous vîmes le matin, se dessinait aux yeux de Don Quichotte, comme « un château à quatre tours, avec des clochers d'argent à souhait, des ponts-levis et des fossés, et tout ce qui constitue ces sortes d'endroits, dans les descriptions » : telle apparut à mon esprit la petite auberge et ses chances de ravitaillement.

Seulement, c'était un troupeau de bœufs qui accueillit Don Quichotte, tandis que nous trouvâmes des gens en bombance. Nous tombions le jour de la fête, et en cet honneur une trentaine de compagnons étaient réunis autour d'une vaste table dans la petite cour, bizarrement et fumeusement éclairée par la flamme vacillante de lampes semblables, quoique modernes, à celles des âges reculés, les vieilles lampes de la fin de Rome trouvées à Pompéi.

Les gaillards travaillaient des mâchoires avec énergie; il leur fallait venir à bout, comme on me

Au Pays de Don Quichotte

le dit après, de cinquante livres de bœuf, trente
livres de pain, et quelques douzaines de poulets
servis à la mode d'autrefois, et arrosées de vin à
discrétion. Ce qui rendait le spectacle amusant,
c'est que ces convives étaient graves, silencieux,
comme s'ils avaient été en affaires.

C'était le dîner offert une fois par an, suivant
une vieille tradition, par un riche propriétaire à
ses fermiers, aux *arrieros* de ses terres. Ézéchiel
m'apprit que ces solides gaillards s'étaient pré-
parés à la solennité par un jeûne rigoureux, et
ma foi, cela se voyait bien à les regarder fonc-
tionner comme des machines bien graissées.

Notre repas, à nous, se composa de ce mets
par excellence de la péninsule, le lapin; le lapin,
dont on trouve l'effigie sur les antiques monnaies
du pays, attestant la reconnaissance d'un peuple
dont l'estomac ne fut jamais trop gâté. Après notre
dîner, j'aurais bien accordé le même honneur au
lapin, si j'avais eu le pouvoir de faire frapper
monnaie.

Il y eut des danses, très dignes, d'un caractère
assez complexe, où l'on trouvait de l'esprit local
et un brin de civilisation, un mélange amusant et
gauche des danses provinciales et des manières du
monde. Ou plutôt c'était comme si, essayant

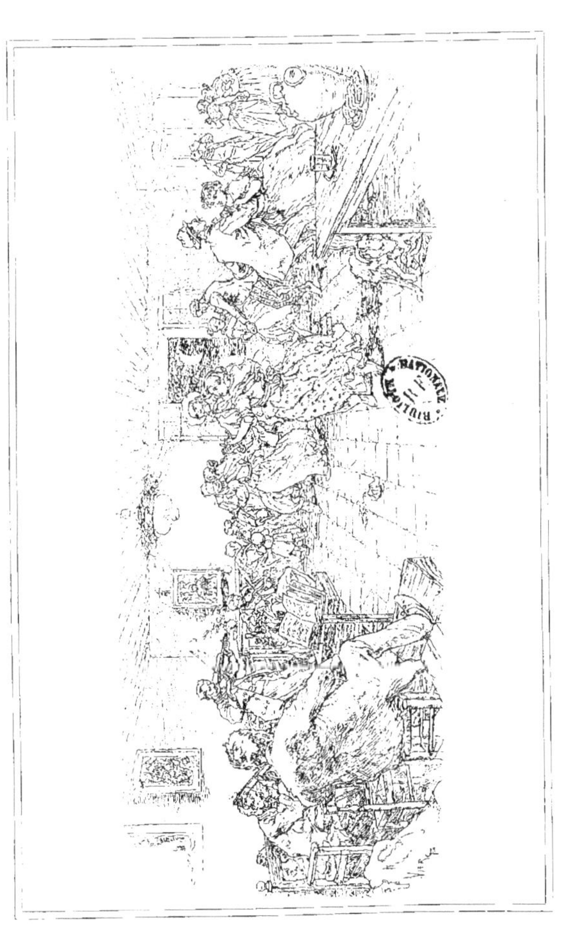

LA DANSE A HERENCIA.

Chapitre Cinquième

d'imiter les manières mondaines, ces bonnes gens, demi-paysans, demi-Mores, n'avaient pu se dépouiller de leur vraie nature. C'est ainsi que la polka devenait une sorte de cachucha panachée de boléro, que la valse, avec les curieuses contorsions du torse et le frappement rythmique des talons et des pointes, prenait des airs de zapatera.

Mais, hélas! Herencia était la localité la plus importante que j'eusse encore rencontrée dans mes courses à travers la Manche, et un des signes, pour moi les plus désagréables, de sa prospérité, c'étaient ces hommes en costumes de citadins que je rencontrais de tous les côtés.

Une foule se pressait vers le sanctuaire où l'on célébrait la fête de saint Jacques, patron de l'Espagne. « Don saint Jacques, le tueur de Mores, un des plus vaillants saints et chevaliers de l'armée du Christ que posséda jamais la terre et que le ciel possède à présent. » (*Don Quichotte*, II, ch. LVIII.

Près de l'entrée de l'église, sur une petite table couverte d'une serviette, était un grand plat rempli de monnaie, gardé par une vieille dame, la duègne traditionnelle. Écroulée sur une chaise basse, perdue dans les plis de sa mantille, elle jouait vigoureusement de l'éventail et interrompait de temps

en temps son marmottage de patenôtres pour dire
à la personne à ce moment près d'elle : « Jésus !
quelle chaleur ! » C'est le gracieux accueil que
reçut ma modeste offrande.

Des soldats faisaient la haie depuis l'entrée
jusqu'à l'autel, tout resplendissant de centaines de
chandelles qui faisaient scintiller les colonnes de
marbre, les peintures, les candélabres, illuminaient
les fleurs en papier, prodiguées dans les grands
vases.

Dans une chapelle latérale, devant une vieille
image toute noircie par le temps et toute ruisse-
lante de bijoux, d'ornements d'argent, d'un dia-
dème et de bracelets incrustés dans la peinture
même, un groupe de femmes agenouillées faisait
une peinture à la Ribera, avec les plus belles et
les plus vigoureuses oppositions de lumière et
d'ombre.

Toutes les têtes étaient dévotement courbées,
sauf celle, au profil droit, hautain, d'une jeune
fille du pur type arabe ; ses grands yeux noirs
étaient pleins d'ombre et de flamme ; ses lèvres,
d'un dessin ferme et délicat, étaient abaissées aux
coins. Étrange et sensuel visage, avec son expression hautaine, consciente, peut-être, de sa superbe
animalité, et qui paraissait se demander le rap-

Chapitre Cinquième

port que pouvait avoir avec la vie réelle la scène qui se passait devant ses yeux. Pourquoi cette seule figure, si différente en apparence de ce qui l'entourait, me semblait-elle la plus typique de toutes? Peut-être à cause des sympathies de mon Don Quichotte intérieur et, je pense aussi, parce que c'était l'expression la plus sincère, la plus spontanée, de ces natures méridionales, qui, n'ayant pas de sentiments religieux vraiment profonds, prennent la vie d'une façon essentiellement pratique. Elle jetait un regard froid et sans respect sur l'attirail religieux de la chapelle.

Cela me rappelait le ton dégagé dont, au temps de l'Inquisition, Cervantes parle de ces choses : « Ces tombes, dit Sancho Pança, dans lesquelles reposent ces puissants seigneurs, sont-elles éclairées par des lampes d'argent, ou bien les murs de leurs chapelles sont-ils ornés de béquilles, de linceuls, de perruques, de jambes et d'yeux de cire? » *(Don Quichotte*, II° Partie, ch. VIII.) Il y a belle distance entre l'insouciance d'un paysan et la libérale indifférence d'un grand prélat; cependant j'imagine que sous son capuchon le spirituel visage du puissant ami de Cervantes, l'archevêque Sandoval, grand inquisiteur, dut esquisser un malicieux sourire devant l'audace de ce livre et de l'auteur qu'il protégeait. Sans cela le livre aurait pu finir dans un autodafé et l'auteur dans une prison.

Voici le ciel tout brillanté d'étoiles. Les rues sont obscures ; seules quelques lumières signalent des éventaires où l'on vend des fruits, du pain, des gâteaux, et les inévitables pois chiches, les *garbanzos*.

Le peuple va et vient avec tant de tranquillité que l'on regrette presque l'exubérance des Italiens, leurs éclats de joie dans les jours de fête comme celui-ci. Pas un mouvement qui dérange les nobles plis des capes et des mantilles. Peu de paroles échangées, quoique l'on saisisse parfois au vol quelqu'une de ces sentences castillanes, pleines de suc et d'expérience, proverbes trop inspirés des choses sérieuses de la vie pour faire même sourire.

Deux jeunes hommes, qui flânaient de groupe en groupe, s'arrêtent. Quelques accords de leur guitare, et une foule silencieuse se presse autour d'eux. Ils jouent se faisant face. L'un fait l'accompagnement, l'autre joue l'air, avec une virtuosité native qui voisine d'assez près avec le talent acquis pour y tromper un musicien expérimenté. Les attitudes ont du caractère : le virtuose se tient droit, la tête rejetée ; l'accompagnateur, penché en avant et hanchant sur un pied, tient les yeux fixés sur la guitare du camarade. La chanson finie, quelques applaudissements et compliments, puis la foule se disperse sans bruit.

Mais plus loin on entend une voix forte, passionnée, qui chante une malagueña et que des accords sauvagement expressifs de guitare accom-

COLPORTEUR
VENDANT
SON STOCK AUX
ENCHÈRES
DANS UNE RUE
DE HERENCIA

pagnent. Cette furie dans le chant et dans l'accompagnement révèlent soudain un autre côté de la nature chez ce peuple, le feu qui couve sous la cendre.

Quand nous quittons le bourg, de bon matin, un marchand ambulant est déjà à la besogne près du marché, offrant sa marchandise aux enchères aux paysans, aux pèlerins, qui déjà s'apprêtent à repartir. C'est l'unique occasion pour beaucoup de ces gens qui ne viennent qu'une fois par an ; le jour de la fête, ils s'approvisionnent pour le reste du temps. Aussi cela attire-t-il toute une classe de commis-voyageurs, dont la vie se passe à courir le pays de *fiesta* en *fiesta*.

Sur le grand chemin, nous sommes précédés par une troupe de pèlerins, de vigoureuses petites paysannes emmitouflées de fichus éclatants, perchées sur le haut des bagages que portent leurs petits ânes.

Les nuages de poussière, richement colorés par le soleil levant, forment comme un halo autour de ce joli et mouvementé tableau. Nous les dépassons, et voilà le charme évanoui ! Le cortège est aussi banal que possible. C'est le soleil qui en faisait la magie.

Lorsque nous nous retournons pour jeter un

ALCAZAR DE SAN JUAN.
L'ASPITAMENTO

regard sur la ville qui va s'éloignant, sa silhouette, qui se détache en clair sur le fond tanné de la sierra, semble une fraîche et délicieuse vision toute voilée de blanc, tout adoucie et embellie par la tendre lumière matinale.

En Espagne, la beauté suit de curieusement démocratiques lois. Des bâtiments en ruine, des

Au Pays de Don Quichotte

villages misérables, des mendiants en loques, ont, dans toute journée, leur moment de splendeur sans rivale. Des objets déclassés, des scènes banales, lorsque les touche un rayon de soleil du midi, deviennent, sous le coup de baguette de ce magicien, des visions adorables. Au cours de la journée, chaque détail du paysage jouit à son tour de ces bienfaits de la lumière, puis la lumière le quitte, et il redevient un corps sans vie.

Notre voyage se poursuit, par ce matin paisible, entre deux ruisseaux de feu d'artifice, des fossés tapissés de fleurs bleues, qui par le contraste avec le gazon roussi et par les jeux obliques du soleil deviennent une éclatante joaillerie.

LE BEFFROI D'ALCAZAR DE SAN JUAN.

FAÇADE DE LA FONDA A ALCAZAR DE SAN JUAN.

Alcazar de San Juan : nous arrivons presque trop vite. C'est une ville de quelque importance commerciale depuis que la ligne de Valence rejoint ici celle de Madrid à Séville.

Naturellement Alcazar est fier de son *buffet* de la station ; mais ce n'est pas moi qui m'en irai m'asseoir à une table qui porte les traces du service, ni qui savourerai les imitations espagnoles du bifteck anglais ; et pour moi le soi-

Au Pays de Don Quichotte

disant bordeaux bu dans les verres de la table
d'hôte, au bruit du jargon franco-anglo-espagnol
du garçon, aurait moins de charme que le noir
et âpre Valdepeñas bu à même l'outre ou le vase
de terre.

Il reste d'ailleurs assez de couleur locale aux

alentours de ce buffet. Ce symbole de la civilisation au XIXe siècle, comme un champignon poussé
dans les herbes champêtres, est environné d'une
bonne vieille vie provinciale.

Du beffroi, nous jetons un regard sur le
pays, puis allons déjeuner à la *fonda*, dont la
façade monumentale se dresse sur la grande

place du marché. C'est amusant de voir évoluer,
sous l'œil d'un sergent de ville, le balayeur pa-
tenté. Il cause, échange des saluts avec les
passants; il condescend parfois à jouer au balayeur, avec le mouvement d'un grand d'Espagne, qui, Dieu nous garde, devrait se donner cet
humble passe-temps. Le marché est fini; il ne
reste que quelques paysans qui s'attardent dans
l'espoir d'écouler leur marchandise étalée sur le
pavé. Ils crient, ils chantent les vertus de leurs
denrées, adressant des compliments ampoulés à

chaque ménagère qui passe ; ils s'envoient réciproquement des brocards, narguent la Providence, tout cela jovialement, avec des voix rudes, des visages ravinés de rires. Quelques femmes parmi eux, belles, aux costumes multicolores. Nous achetons des fruits à l'une d'elles. « *Vaya usted con Dios.* Allez avec Dieu, » dit-elle ; puis me rappelant : « Caballero, quand vous retournerez chez vous, dites à votre compagne que ce sont de belles femmes, les femmes d'Alcazar. Braves en affaires, braves en amour, et vous savez, señor, n'aimant qu'une fois ! »

ALCAZAR DE SAN JUAN.
UN MARCHAND DE POTIRONS.

Je m'assieds sur un banc sous la porte de l'auberge, la plus grande que j'aie encore vue, et je reconstitue par la pensée ce qu'a pu être, au vieux temps, un endroit comme la venta de Cadenas ou celle de Quesada. En dépit de l'inévitable malpropreté, le lieu a un évident cachet de prospé-

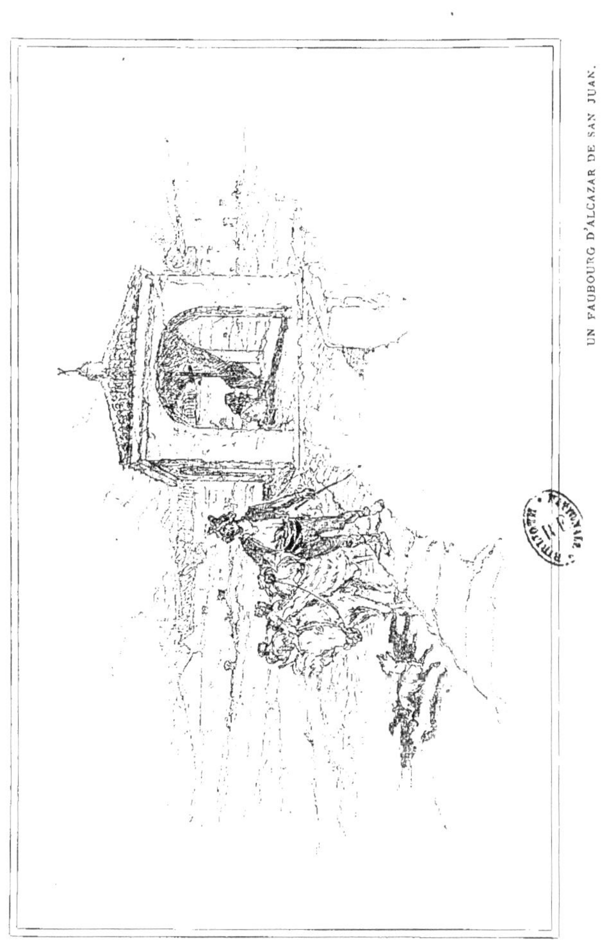

UN FAUBOURG D'ALCAZAR DE SAN JUAN.

Chapitre Cinquième

UN DES ANCIENS MOULINS A VENT DE CRIJITANO.

rité ; la plantureuse aubergiste et ses aides ne man-
quent pas de besogne. Devant nous des servantes
causent, raccommodent des draps, confectionnent
des vêtements pour le patron. Une sorte de bouffon
a pour toute occupation de balayer le sol, avec un

acolyte dont la fonction est d'arroser derrière lui. La grasse et grande ama, avec un visage comme celui d'un sénateur romain, va partout, surveille tout, donne des ordres d'une voix claironnante.

L'amo, le trousseau à la ceinture, préside au remplissage des bouteilles, à l'égorgement de la volaille, au dépeçage de la viande. Les cuisinières, qui travaillent sous nos yeux, sont deux vieilles sorcières, qui tour à tour apparaissent et disparaissent dans la fumée de leur feu de bois.

L'ama, malgré son embonpoint, est partout à la fois; elle apparaît brusquement, empoigne une casserole, goûte les plats, assaisonne, morigène les servantes avec sa voix tonitruante. De vrai, le plus puissant personnage de la maison est un enfant gâté, un petit drôle de trois ans, précoce, rusé, le Benjamin de la famille. Une criada est attachée à sa personne et elle a assez à faire. C'est une jeune femme en jupe orangée, en bas rouges, en souliers noirs, recherche peu commune; elle rougit, jette des regards d'effroi du côté de l'ama et semble une parfaite image de la Faiblesse, à chaque nouvelle frasque du petit scélérat.

Alcazar de San Juan et son auberge n'étaient déjà plus qu'un souvenir ajouté aux autres, un

LES MOULINS A VENT DE CRIJITANO VUS A DISTANCE.

Chapitre Cinquième

UN COIN DE SCÈNE TYPIQUE AUX MOULINS DE CRIJITANO.

cliché gravé dans ma mémoire, lorsque nous découvrîmes les moulins à vent de Crijitano. Un d'entre eux, dit-on, est celui que Don Quichotte combattit dans sa célèbre aventure. Après tout, le

10

pauvre Don Quichotte ne paraît pas si fou à celui qui aperçoit pour la première fois cette rangée de moulins jetés irrégulièrement sur la crête d'une colline. Ils ne ressemblent à rien qu'on connaisse, plutôt à une collection de jouets fantasques et primitifs, plantés là par le caprice d'un lunatique. Plus on approche et plus on les regarde une par une, plus ces lourdes machines, étayées comme de très vieilles gens, paraissent fantastiques. Rien d'étonnant que le digne chevalier les prît pour des géants.

C'est ainsi que, dans son pays natal, le livre de Cervantes prit une recrudescence de piquant. On ne se figure pas combien il est nécessaire de vivre là pour constater la criante variété des caractères, des descriptions, du langage même.

Il y a vraiment un grand charme à rencontrer à chaque instant les choses mêmes que le livre nous avait rendues familières. Par exemple, non seulement les habitants de certains villages de la Manche s'habillent comme Sancho Pança, mais encore tous abondent en ces vieux dictons où se condense la sagesse des nations. Ces proverbes leur servent, comme à Sancho, à résumer finement toute une situation.

Près des moulins, nous nous arrêtons un instant pour demander au conducteur d'un chariot d'eau le chemin le plus court pour le prochain village. Ézéchiel obtient le renseignement, puis demande : « Eh! frère, c'est de l'eau que vous portez là?

— Oui, de la belle eau à boire. Vous en voulez?

— Merci, non. Notre gourde est encore à moitié pleine.

— *Cascara!* Mais alors elle doit être chaude. Prenez donc de la mienne, » dit l'homme.

Notre gourde remplie de délicieuse eau fraîche, Ézéchiel appelle l'homme qui retournait à son chariot.

Au Pays de Don Quichotte

« Eh! voilà une *pataquilla* (un sou) pour vous; et grand merci encore.

— Non, frère, je n'ai pas besoin d'argent : je suis content de vous donner de mon eau; voilà tout.

— Mais il faut que chacun vive de sa peine, et vous avez du chemin à faire pour aller chercher cette eau-là.

— *Bueno,* mais il vaut mieux gagner un ami que dix écus. »

Pourtant, après avoir jeté un coup d'œil sur moi : « Allons! ça va, dit-il à Ézéchiel; je vois que ce cavalier a plus les moyens de donner son argent que moi de ne pas le prendre; je le prendrai donc. »

Je fis passer encore mieux la pataquilla avec une cigarette, et j'ajoutai la courtoisie très appréciée d'offrir du feu de mon propre cigare. Le charretier caressait notre mule en nous donnant encore quelques indications pour notre route. A peine couverte d'un léger mouchoir roulé en turban autour du front, sa belle tête bronzée brillait au soleil, et le sang donnait une teinte flamboyante à ses joues rouges et fermes comme des pommes. Ses yeux noirs étincelaient, les veines saillaient de son front, de son cou; c'était un type de force, de santé, d'insouciance, de bonheur.

Ézéchiel me dit sentencieusement, quand il fut loin : « Cette pataquilla ne lui profitera pas, señor, car *para dar y tener, seso es menes-ter,* (pour donner ou pour garder, il faut de la cervelle.) Le gaillard boira ou fumera son argent dès qu'il sera rentré dans le village. »

UNE RUE DE CRIJITANO. — UN ARRIERO AU PREMIER PLAN.

Au Pays de Don Quichotte

Campo de Crijitano, entouré d'une riche et
fertile campagne (*campo*) est un des trois ou quatre
spécimens, vraies raretés, des meilleurs bourgs de
la Manche. Malgré son air de prospérité, ses
grandes maisons, quelques-unes à fenêtres vitrées,
ses sculptures de pierre et ses ornements de fer
forgé, il conserve une couleur locale aussi pro-
noncée que les plus humbles localités. A l'écart du
chemin de fer, il demeure heureux, mais à la
vieille mode. Le pittoresque y est varié, les édi-

fices sont pleins de noblesse, c'est la Manche dans
ce qu'elle a de plus pur, et il n'y a pas de différence avec les plus pauvres villages de ce pays

DISTRIBUTION DE PAIN AUX MENDIANTS DE CRIJITANO.

d'enchantement, où les vieux costumes, vieux us
et vieilles demeures n'ont pas changé depuis des
siècles.

Le Campo fait la sieste lorsque nous nous
rendons vers l'auberge à travers les zigzags des
rues escarpées. Seul, Quevedo, le maître par excellence des descriptions picaresques, pourrait dé-

Au Pays de Don Quichotte

peindre dignement les types que nous rencontrons
ici : le drôle, debout près d'une porte, avec un
bandage autour de sa tête qu'il enduit de quelque
remède de bonne femme contenu dans une outre
graisseuse; les difformes aubergistes, l'amo et
l'ama, certainement plus larges que hauts; toute
la collection des flâneurs demi-nus, échappés des
pages de *Don Pablo de Ségovie, le grand Ruffian.*
Le sombre intérieur! Salon? dortoir? salle à manger? qu'était-ce, ou plutôt que n'était-ce pas?
Incroyable saleté, mouches, endroit indescriptible.
Nous allions dormir là, sous le toit en pente, aux

FAÇADE D'UNE MAISON MAURESQUE A CAMPO DE CRIJITANO.

Chapitre Cinquième

poutres grossièrement équarries, toutes tapissées
de toiles d'araignées. Pour choisir notre place, il
nous faut enjamber des muletiers, des colporteurs,
des gardeurs de cochons, étendus sur la dure.

Aux murs sont accrochés à des clous les chapeaux,
les harnais; dans les coins sont des sacs de grains,
des baluchons, des outres, appartenant aux dormeurs, et gardés par des roquets qui montrent
silencieusement les dents lorsqu'on approche et
mordraient ferme à la moindre velléité de toucher
au bien de leur maître.

Au Pays de Don Quichotte

Un vrai tableau, que celui de cet intérieur
dans cette étrange demi-lumière. Les étables sont
à côté, une pour les mules, une autre pour les
porcs. Ceux-ci grognent, celles-là ruent ; de mai-
gres chats, qui rôdent à la recherche de proie,
miaulent ; une mule, chassée de son étable, passe
agilement entre les dormeurs ; pas un ne bouge
de ces ronfleurs ; le maître de la mule, qui démêle
les harnais, l'appelle avec un cri bizarre finissant
en sifflement. Mais il n'y a pas de tapage qui puisse
interrompre ces sommeils lourds de gens qui
n'ont cette aubaine de dormir qu'un des quatre
cinquièmes des vingt-quatre heures, et le reste
besognent. Ils reposent jusqu'à la dernière minute,

TOBOSO, VU DE LA PLAINE, AVEC LA LOURDE TOUR
DONT IL EST QUESTION DANS DON QUICHOTTE.

puis les voilà sur pied en un clin d'œil ; pas d'étirement, pas d'ablutions, pas d'habillement. Un coup d'eau avalé et ils sont déjà chassant leurs mules dans le soleil brûlant, leur bâton à la main, éveillés et chantant.

Nous partons à trois heures de l'après-midi, harnachant notre mule au milieu d'une centaine de cochons, tout le troupeau du village que l'on

155

Au Pays de Don Quichotte

rassemble pour aller aux champs sous la conduite d'un gamin.

Nous suivons une très belle route pendant plus d'une heure et nous passons près du sanctuaire, perché sur une colline, où est exposée

ENTRÉE DE LA POSADA A TOBOSO.

l'image miraculeuse de la patronne de Campo, Notre-Dame de Crijitano. Puis, marche à travers champs d'avoines, et, au bout de deux heures, arrivée dans la région dénudée, semée de rares bouquets d'arbres, où Don Quichotte eut sa plus lamentable aventure, sa première rencontre avec sa Dulcinée, changée par un maudit enchanteur en effroyable maritorne.

Ah ! elles sont mélancoliques, les approches

Chapitre Cinquième

UNE RUE A TOBOSO.

de Toboso, avec les rares maisons bâties à la grosse des débris sculptés d'anciens édifices. On lit ouvertement la décadence de la prospère et célèbre cité qui, suivant les documents authentiques, possédait sous Philippe II plus de neuf cents maisons. Et pourtant il demeure je ne sais

Au Pays de Don Quichotte

quel charme, quelle dignité, dans cet endroit,
quelque chose comme l'allure d'un gentilhomme
injustement déchu.

Les maisons ruinées, jetées çà et là autour
des deux églises tristes, rébarbatives, ont cependant, en dépit de leurs cicatrices, un air de propreté et de soin. Les rues, ravinées, n'exposent
point à de ces rencontres déplaisantes, qui m'étaient
devenues si familières dans les autres rues des
villages de la Manche, et comme inséparables de
la vie. Comment! j'ai trouvé à Toboso la chose
la plus extraordinaire, la plus exotique pour ainsi
dire : une auberge parfaitement propre!

Il était certes tard quand j'y entrai, et je
n'osais pas trop me fier à ma première impression,
mais le lendemain matin, il n'y eut pas à dire,
l'examen en pleine lumière ne me donna point de
démenti. Imaginez une propreté hollandaise, oui,
en pleine Manche! Le carrelage des cours et des
chambres, reluisant; des rideaux aux petites
fenêtres, des nattes aux portes, et aux bons endroits, sur les murailles blanches, de touchants
efforts de décoration, sous la forme d'images de
piété dans des cadres en papier de couleur.

L'ameublement, chaises, coffres, tables, tout
cela curieusement sculpté; la rangée des écuelles

Chapitre Cinquième

de cuivre, des cuillers, des pochons, de belles et primitives formes, admirablement récurée. Mais il n'y avait pas de domestiques dans cette pauvre auberge : c'était la famille, le père, la mère, les deux filles qui faisaient le ménage. Les femmes étaient bonnes et sérieuses ; elles vaquaient à leur travail dans une sorte d'atmosphère de bonne grâce. Leurs allures simples, non sans abandon et élégance, faisaient plaisir à voir.

UN COIN DE TOBOSO.

Au Pays de Don Quichotte

Enfin, on se sentait plus chez soi, parmi cette propreté.

Le père, un homme de six pieds, frisant la cinquantaine, fortement charpenté, large d'épaules, de visage net, mais avec un front très bas, parta-

LA PLAZA A TOBOSO. — L'ÉGLISE A GAUCHE.

Chapitre Cinquième

MARIA, UNE DES FILLES DE « L'AMO » DE LA POSADA DE TOBOSO.

geait son temps entre le commandement et la prière.

En arrivant, nous trouvâmes la famille sur

la fin de son souper. Avant toute réponse à nos questions, les quatre personnes, debout, le front incliné presque jusque sur la table, chantèrent d'interminables litanies, et nous laissèrent attendre jusqu'à la fin de la cérémonie. Puis, dès que nous eûmes pu nous faire entendre, les femmes, très animées par l'arrivée d'hôtes, s'encoururent préparer le repas ; et déjà l'aubergiste enfourcha son dada favori : les questions religieuses.

C'était un vrai fanatique, et pourvu de cette sauvage intolérance que les étrangers se représentent comme un des traits les plus caractéristiques de l'Espagnol. Mais pour moi, je dois dire que je n'avais pas encore rencontré un seul fanatique parmi les gens de la Manche ; celui-ci, il est vrai, comptait pour plusieurs. Don Quichotte mettait moins de chaleur à discuter les points de chevalerie que mon géant d'aubergiste à charger les blâmables pratiques des générations d'aujourd'hui, leur négligence à fréquenter les saints lieux, à accomplir leurs devoirs religieux, en un mot leur abandon de ce qui était autrefois la vraie piété espagnole.

Et c'étaient, à l'appui de ses idées, des citations des ouvrages de théologie, des signes de croix en prononçant le nom des saints ou de Dieu,

et aussi des interruptions de ses propres raison-
nements pour nous demander notre opinion sur
certaines prières à prononcer contre le mal et la
tentation, tout un recueil qu'il avait extrait des
vieux manuels de piété. Son refrain, c'était que

LA CUISINE DE LA POSADA A TOBOSO.

ce monde suit les voies du Tentateur : « Voyez!
au siècle dernier il y avait à Toboso une église
toutes les deux maisons, ou tout au moins quelque chapelle ou couvent. Mais le gouvernement
a dépouillé de leurs terres les moines et les religieuses, et l'on n'en trouve plus un ici, ni plus
une, et il ne nous reste que deux églises. Comme
c'était beau, je me rappelle, les services divins

163

Au Pays de Don Quichotte

dans mon enfance! Il y en avait, de belles tapisseries, et des vases d'orfèvrerie, et des décorations qui transformaient les autels en vision du Paradis!... Toutes ces richesses ont été vendues les unes après les autres, et c'est comme ça que l'Église n'a plus pu faire le bien!... »

COLPORTEUR TOBOSAN DE « POCHEROS ».

L'opinion d'Ézéchiel sur notre hôte fut exprimée à la Sancho Pança, avec accompagnement d'un assez dédaigneux haussement d'épaules : « Ma foi, señor, voilà un homme qui cause comme une linotte, tout du haut de sa très petite cervelle. »

Les femmes, avec un pareil maître, ne menaient pas une vie très gaie. Sans doute il avait bonne intention, mais une volonté de fer, et tout un chacun devait épouser de ses doctrines l'esprit comme la lettre. Maria et Juana, ses filles, devaient saluer, s'arrêter et prononcer tout haut une prière chaque fois qu'elles passaient devant une des nombreuses images, encadrées de papier doré ou de paille, qui décoraient les murs du haut en bas de la maison. Au beau milieu de leur

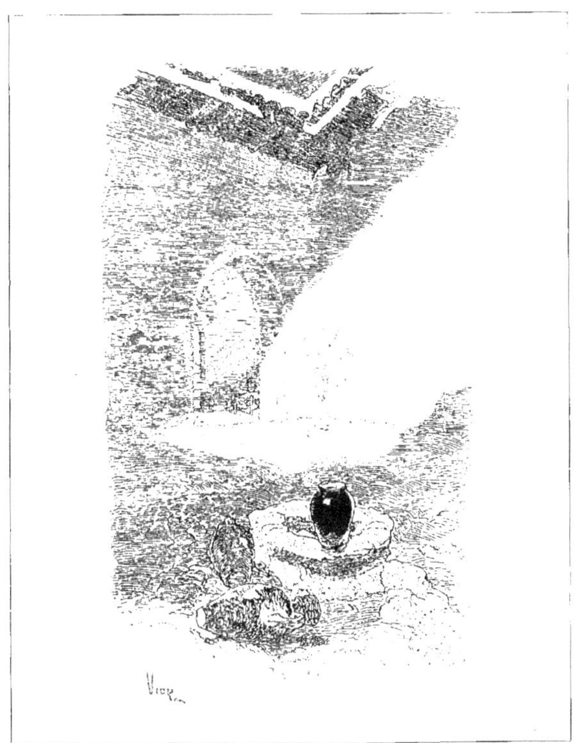

PUITS DANS LA COUR DE LA POSADA A TOBOSO.

ouvrage, lorsque la main du géant leur faisait
signe, il fallait, toute affaire cessante, dire quelque prière spéciale pour la délivrance des esclaves
du péché ou la conversion des incroyants. Les

Au Pays de Don Quichotte

hôtes eux-mêmes étaient moins heureux que le chat et le chien, les seuls habitants qui pussent jouir d'une pleine liberté. Il n'y avait pas moyen d'échapper aux agissements tyranniques de cet étrange amo, qui, prenant peu de soin des choses de ce monde, laissait volontiers ses clients mourir de faim ou s'en aller sans payer, du moment qu'il trouvait le joint pour les convertir à sa façon de comprendre la piété.

C'était la raison qui éloignait la clientèle d'une auberge qui eût été admirable. Lorsque le soir, assis devant la porte et entendant des chansons joyeuses dans le voisinage, nous lui demandâmes ce qui se passait : « C'est dans l'autre posada, nous dit l'amo. Puisse Dieu la réduire en cendres, car elle n'est courue

POSADA DE TOBOSO. — DÉTAIL D'ESCALIER.

Chapitre Cinquième

que par les possédés et fréquentée que par les idolâtres ! »

Au temps de Cervantes, les habitants de Toboso, réfugiés mores de Grenade, avaient une réputation proverbiale de rudesse et de brutalité, n'ayant pas eu le temps de se débarrasser des violences et des fiertés héritées de leurs ancêtres arabes. Mais de cela je ne pus constater trace.

POSADA DE TOBOSO.
ENTRÉE DE LA CAVE.

La seule industrie de la ville, à présent, est la fabrication de grandes jarres, les *tinajas*, en terre crayeuse qui abonde dans la région ; les tinajas de Toboso, très gracieuses de lignes et de galbe, sont encore renommées dans les Castilles. La principale église est celle même que décrivait Cervantes. L'impasse existe encore où le scélérat d'écuyer persuadait au bon Don Quichotte que se trouvait le château princier renfermant la belle damoiselle.

JUANA, L'AUTRE FILLE DE « L'AMO ».

Je ne pouvais manquer l'occasion de me promener tout éveillé dans les fictions du romancier,

REPAS DE LABOUREURS DANS UNE QUINTERIA.

Chapitre Cinquième

« tandis que le village était enseveli dans le silence,
et que les habitants dormaient tout étalés ». Il
me fallait bien, avec Don Quichotte et Sancho,
passer dans l'ombre projetée par le « grand édifice », et remarquer avec Sancho, en levant la

LA CUEILLETTE DU SAFRAN.

tête vers le beffroi, que le grand édifice était une
église et non pas un château. Le paysage se présen-
tait juste comme dans le livre : « Pas un son ne
frappait l'oreille, sinon l'aboiement des chiens »
qui assourdissait Don Quichotte et mettait Sancho
en émoi. « De temps en temps brayait un âne,
grognait un cochon, miaulait un chat, et ces
voix s'amplifiaient par le silence de la nuit. »

Nous partons à minuit pour retourner à Argamasilla ; nous passons le Campo de Crijitano avant

171

Au Pays de Don Quichotte

l'aube, et nous redescendons les pentes vers la
prairie du Guadiana ; nous repassons le fleuve sur
un pont dont la longueur indique quelles imposantes proportions doit prendre le courant lors de
la saison des pluies. Vers midi, nous arrivions à

une *quinteria* (ferme importante) où entre Ézéchiel
pour demander la permission de faire halte. C'est
une faveur qu'on ne refuse jamais, mais qu'il faut,
pour l'obtenir, comme toute chose dans ce pays,
demander avec les formes traditionnelles de la plus
raffinée politesse.

Notre chariot pénètre dans la vaste cour rec-
tangulaire fermée de deux côtés par des bâtiments
bas et des deux autres par des murs. On nous fait
cordial accueil dans la cuisine, où huit laboureurs,
l'inévitable couteau à longue lame en main, sont

Chapitre Cinquième

SCÈNE ENTRE UNE SERVANTE ET UN COLPORTEUR AU TOBOSO.

assis sur des chaises basses, et font rage sur la
vaste soupière contenant le *puchero* national. La
cuisinière, une timide jeune femme, qui rougit

gentiment à la moindre provocation, fait un joli contraste avec ces gaillards basanés et musclés, qui se taquinent avec bonne humeur, et semblent fameusement s'amuser. A la porte d'entrée, une bande de chats et de chiens affamés, mais trop bien dressés pour approcher, regardent avec des yeux ardents, et répriment à demi des appels plaintifs. Chacun nous traite avec une courtoisie et une cordialité parfaites. Je ne crois pas que dans aucun autre pays un étranger puisse trouver d'aussi bonnes façons et autant de tact chez une poignée de pauvres paysans comme ceux-ci. Après le déjeuner, on me fait entrer dans une petite chambre blanchie à la chaux, bien close et bien fraîche, ou sur un banc de pierre est disposée une couche de nattes; on me laisse seul pour faire une sieste, dont j'avais bien besoin.

Comme c'est le moment des moissons, l'endroit est fort animé; mais pendant la plus grande partie de l'année, le *casero* (le fermier, ou plus exactement le garde de ferme) demeure là seul avec ses chiens et son winchester : la grand'porte est close, la *quinteria* devient forteresse. Alors le casero fait des rondes pour empêcher qu'on ne s'en prenne aux champs, ou qu'on ne pille les provisions de grains, de denrées, de vins. Dans les endroits solitaires comme celui-ci, ces caseros ont une vie mouvementée, et il n'y en a guère qui atteignent un âge très avancé. Mais celui-ci estime que le jeu en vaut la chandelle. « Eh! c'est une belle vie, señor, me dit-il tout en caressant son winchester; on a de quoi boire et manger, un peu d'argent par-dessus le marché, sans compter les occasions de se servir de son fusil. »

La sieste finie, nous reprenons notre voyage à travers la plaine familière, où, bien loin devant nous, notre but apparaît comme un mirage affaibli. Argamasilla vous impressionne de façon différente, selon que vous l'approchez de telle ou telle direction.

En ce moment, c'est comme une cité d'Orient, avec ses murailles blanches et brillantes, disposées à l'extrémité d'une avenue, une longue oasis de grands peupliers, sous lesquels poussent les figuiers et les citronniers. Tout le tableau a la couleur de l'Orient : même ciel, même brume chaude et empourprée au-dessus de l'horizon, mêmes plaines plates et tannées comme le désert. Seuls les peupliers jurent un peu, et il manque quelques palmiers pour rendre l'illusion absolue.

En approchant du pueblo, des bouquets d'oliviers tordant leurs vieux membres noueux escortent le voyageur de chaque côté du chemin.

Au Pays de Don Quichotte

Sans nul doute, c'est parmi ces vestiges de bois
antiques que notre héros, le chevalier redresseur
de torts, n'a pu s'empêcher de s'embarquer dans
l'aventure célèbre, à la fois triste et comique, si
pleine de profonds et limpides enseignements.

L'itinéraire de l'Académie, dans la préface à
l'édition de 1819, place le siège de cette aventure un
peu plus au sud-ouest de ces parages; mais là rien
ne reste des forêts d'antan. Puis, pourquoi ne pas
lâcher la bride à l'imagination? Quel autre arbre,
aux environs d'Argamasilla, offre ce tronc crevassé,
cette écorce boursouflée, ces vénérables rides de
l'âge? Hélas! ces témoins des choses disparues
sont muets pour nous, mais ils se racontent sans
doute avec de doux bruissements dans le vent
tiède et mouvant. Et ces chuchotements mélancoliques, dans l'atmosphère étouffante et silencieuse, sont comme la voix des aventures passées,
innombrables pages de vie à jamais englouties
dans l'abîme des temps.

VI

La Sierra Morena. — Les adieux d'Ézéchiel. — Valdepeñas. —
Almuradiel. — Le vieux José. — La Sierra. — Viso del
Marques. — Doña Teresa. — La foire. — Le théâtre en plein
air. — Excursion aux jardins de la montagne. — Los Molinos.

L'EXCURSION que je fis à la Sierra Morena fut
mon unique infidélité à Ézéchiel. La veille de
mon départ d'Argamasilla, nous eûmes un entre-
tien que je n'oublierai pas aisément. C'était mon
dernier dîner à la posada del Carmen, où Ézéchiel,
qui était l'hôte d'honneur, se comporta avec sa
dignité et son tact habituels, sa bonne voix rendant ses propos encore plus sympathiques. Le
repas terminé, nous traversâmes la route pour
nous rendre à l'unique boutique de l'endroit,

boutique ou plutôt chambre basse, de six pieds sur douze, où tenait tout le maigre stock de cotonnades. J'avais besoin d'y changer un billet de banque pour régler mes comptes. Je prélevai le nombre de douros correspondant au nombre des jours de service d'Ézéchiel et de son équipage, et je les lui donnai en y ajoutant quelque supplément.

Le brave homme compta soigneusement les pièces, les recompta, parut embarrassé, et finalement me fit remarquer l'erreur que j'avais commise en lui donnant plus que son dû. Sur quoi je lui expliquai que je l'avais bien fait exprès, et que, tout en regrettant de ne pouvoir lui donner plus, je le priais d'accepter ce petit présent en faible remercîment de ses loyaux services. Il continuait d'avoir l'air très gêné, mais finalement il me remercia de la gentillesse, et partit.

Une heure après, il revenait avec ce terrible supplément, disant :

« Non, señor, je ne peux pas accepter ça. Nous avons fait notre prix. C'était plus que je ne gagne de coutume ; je n'ai pas eu de peine ; c'est moi qui y gagne. Nous sommes quittes, et j'aurais mauvaise opinion de moi-même, et vous ne penseriez pas aussi autant de bien de moi, si j'acceptais votre cadeau.

LA SIERRA MORENA, VUE DU PLATEAU ENTRE ALMURADIEL ET EL VISO.

Chapitre Sixième

— Mais, mon ami, je considère que vous avez bien gagné cela par les économies que vous m'avez fait faire dans vos achats aux posadas.

— C'était dans le marché, señor. Non, il faut reprendre ça. Donnez-moi une poignée de main comme à un ami, et Dieu soit avec vous et les vôtres. »

Je fus bien fâché d'être forcé de me priver de son fidèle concours, mais sa petite mule n'aurait pas pu faire le long et dur voyage, aller et retour, dans la Sierra Morena sans prendre plus de temps que je n'en pouvais consacrer. Il y a de ces incidents au cours des plus heureux moments; cette perte d'Ézéchiel m'était très pénible; il me semblait y voir comme un avant-goût des ennuis, de la banalité, de la routine, de la civilisation, qui devaient m'attendre dans mon dernier voyage à travers la Manche. Bien entendu, cette idée était fort déraisonnable, car des voyages comme ceux-ci empruntent leur intérêt aux contrastes qu'ils présentent avec la vie ordinaire.

Je n'avais pas d'autre moyen à ma disposition que d'aller par chemin de fer jusqu'au cœur de la montagne, acceptant ainsi ce que je supposais le plus prosaïque et le moins agréable commencement. Eh bien, pour commencer, le train marchait si lentement et faisait de si longs arrêts à la moindre station, que je pris au contraire beaucoup de plaisir à être ainsi mis à même d'étudier tous les détails du paysage. Cela ne ressemblait en rien aux voyages en express que nous sommes habitués à faire; c'était plutôt l'allure d'une mule ou d'un cheval trottant bon pas.

Au début, le pays plat montrait cet aspect triste et desséché que j'ai déjà décrit. Puis, à mesure que nous avancions, les vignes envahissaient, et bientôt remplissaient la plaine à perte de vue.

Nous traversions le district le plus productif de vins de toute l'Espagne. La ville prospère qui lui donne son nom, Valdepeñas (la vallée des pierres), avait, malgré son importance, les mêmes maisons aux toits de tuiles, groupées autour de l'église, qui caractérisent les villages de la Manche. Un contraste frappant, par exemple, que celui de ces bodegas toutes neuves, terriblement modernes, avec les raisons sociales peintes en lettres noires de trois pieds sur les murailles blanc cru. Cela me fit mal de voir ici cette criarde signature de notre civilisation au beau milieu d'un endroit aussi primitif, et je trouvai particulièrement désagréable d'être rappelé aussi brutalement dans mon pays.

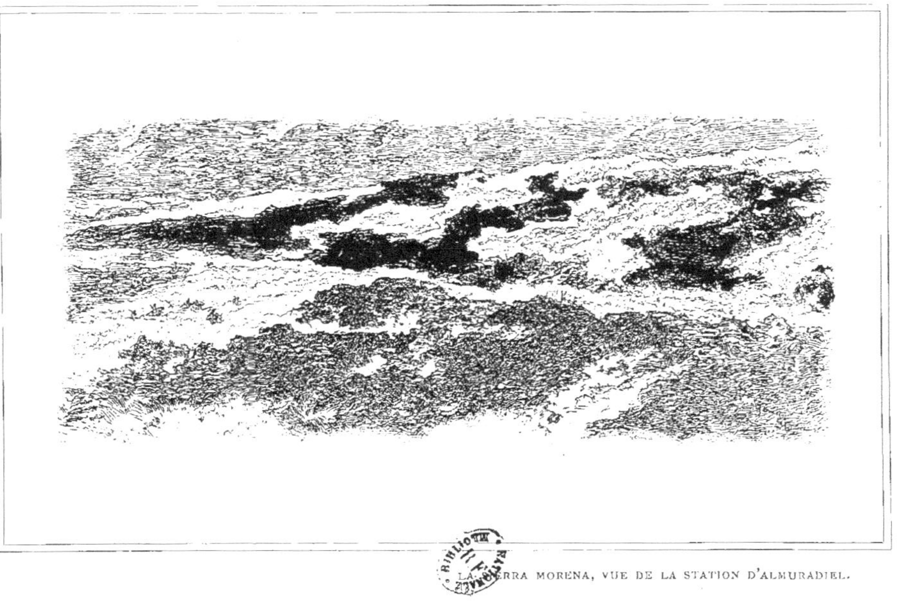

LA SIERRA MORENA, VUE DE LA STATION D'ALMURADIEL.

Chapitre Sixième

De tous les côtés des plaines de la Manche, la ligne dentelée de l'horizon sert comme d'observatoire. C'est la Morena. Nous nous en rapprochions peu à peu, et toujours elle semblait hors d'atteinte. La région de Valdepeñas quittée, le caractère du pays changeait, devenant de plus en plus dénudé et rocheux, et la silhouette dentelée de la Sierra Morena, à laquelle je m'étais accoutumé, disparaissait soudain.

L'immensité jaune et pourpre de la plaine laissée derrière nous et s'effaçant comme un océan brumeux, nous nous trouvions, ayant gravi le premier éperon, complètement entourés de montagnes. La voie devenait plus raide, les talus rocheux s'empilant les uns sur les autres, jusqu'à ce que, après une succession de courbes et de pentes, le train s'arrêtait, pour respirer, à la station d'Almuradiel.

Étant descendu avec mon petit bagage noué à un bâton courbé, j'eus la bonne fortune de rencontrer le vieux José avec sa mule et son char antédiluviens, attachés l'un à l'autre par un harnais brisé et des bouts de cordes, tout cela vermoulu par un long usage. Sans perdre de paroles, nous faisons marché et nous voilà partis pour le village de Viso del Marques, le point de ralliement le plus commode pour une exploration de la montagne où nos bons amis, Don Quichotte et Sancho, rencontrèrent quelques-unes de leurs plus merveilleuses aventures.

Quel plaisir que de vagabonder ainsi dans ce décor sauvage et sinistre du grand roman, avec le soleil brillant superbement, en même temps que soufflait une bise froide, et tout en feuilletant pour ainsi dire l'intéressant livre de la sagesse du vieux José ! Sous couleur de lui adresser des questions sur lui, sur les gens, sur le pays, on pouvait tirer de ce vieux livre des bribes de notre chère histoire, tant soit peu bizarrement déguisées, mais pourtant reconnaissables. Le vieux José au visage malin, qui avait vu quatre-vingt-sept hivers, et qui avait profité de son expérience, n'aurait pu s'empêcher de mettre beaucoup de science et de malicieux savoir dans sa conversation.

Nous marchions d'un pas d'escargot sur une terrible route qui écorchait à peine le sol rocheux d'un livide plateau. Une barrière de montagnes aiguës, dentelées, en forme de nageoire, s'élevait devant nous et à côté de nous vers le sud. Entre les pics les plus proches et les dominant, en apparaissaient d'autres, et au loin, deux sommets plus élevés encore, et qui semblaient s'évanouir, dres-

saient leurs chefs seigneuriaux. Dans ce solitaire
et imposant ensemble, il y avait çà et là, parmi
les faîtes du plateau, quelques champs de vigne
et d'orge, qui accentuaient encore la générale

nudité. Quelques végétations vigoureuses, mais
rendues trapues par la continuelle lutte avec les
éléments, s'accrochaient au roc vif par des racines
qui semblaient de durs tentacules, et trouvaient
moyen de s'agripper aux crevasses et de résister
victorieusement aux rafales des vents du nord.

Contre ce même ennemi, Viso del Marques
groupait ses maisons basses et solides en une

masse compacte. A distance, cela se distinguait à peine des alentours, et c'est seulement en approchant du porte-drapeau, la tour du beffroi, carrée et ramassée, sortant entre les petits cubes irréguliers de maçonnerie, que je reconnus ces cubes, non pour des accidents de paysage, mais pour des demeures d'humains. J'imagine que c'est cette moyen-âgeuse tour qui signala Viso del Marques à Don Quichotte et à Sancho lors de leur fuite vers les sécurités de la montagne, après avoir délivré les galériens, s'être battus avec eux et leur avoir échappé, ces galériens si plaisamment définis « des infortunés qui, contre leur gré, étaient transportés dans des pays où ils n'avaient aucune envie de se rendre ».

Des cris, des roulements de tambours, tout un tapage confus frappe nos oreilles dans les intervalles des hurlements du vent, et témoigne qu'il se passe quelque chose d'inaccoutumé dans le village. Notre bonne fortune voulait que ce fût la foire annuelle. Ce n'était pas chose aisée que d'avancer dans la rue principale, débordante de gens. Notre vieux coursier se mit à ruer devant un colporteur asturien tout bronzé, un marchand de *braseros* de cuivre, qui, pour faire l'article, frappait à grands coups de bâton sur sa marchandise.

Chapitre Sixième

Baraques et tables étaient entourées de paysans aux manières honnêtes, sérieuses, et qui
paraissaient hypnotisés par le bagout des tambou-
rineurs et des bonimenteurs. Les indigènes mâles,
assis sur le pas de leurs portes, prenaient grand
plaisir à contempler toute cette animation, et aux
fenêtres s'épanouissaient les figures brunes de
leurs femmes, excitées par le spectacle. Les enfants
et les chiens couraient à travers tout cela, les
ânes brayaient, et dans les coins, contre les
murailles, de patientes mules regardaient l'ensemble de leurs yeux mi-clos, d'un air malin et
critique.

A la Casa Teresa, la sexagénaire hôtesse doña
Teresa avait un air affable tout à fait engageant,
mais qui ne cachait pas complètement son sens
très aiguisé des affaires. Elle consentit, au bout
de quelques minutes, à me faire la faveur de
m'accepter pour hôte. Elle présenta d'ailleurs les
choses sous le jour le plus honorable, en rempla-
çant par ce mot d'hôte le terme trop vulgaire
de locataire, mais il était visible, d'après l'énor-
mité de sa demande, une peseta par jour pour la
meilleure chambre, que ce terme si cordial n'était
que le sucre pour déguiser une pilule un peu
amère. Comme on dit en Espagne : « *Poderoso*

Au Pays de Don Quichotte

*caballero es don Dinero. Dios es omnipotente y el
Dinero es su teniente.* (Monseigneur l'Argent est
un puissant personnage. Dieu est tout-puissant,
et l'Argent est son lieutenant.) »

El Viso étant jeté aux confins du monde civilisé, avec, de l'autre côté, la sierra et le désert, on
conçoit que l'on n'y soit pas très préparé à recevoir des voyageurs. Ni fondas, ni posadas. Cette
maison est bien la seule où, à de rares intervalles,
quelque fonctionnaire de la province ou du gouvernement, en tournée d'inspection, trouve un
abri. Aussi cela faisait de la petite vieille, en rela-
tions avec ces importants personnages, elle-même
un personnage d'importance. Pourtant, bien que
je n'eusse aucun prestige officiel, elle eut la bonté
de se montrer cordiale envers le nabab qui pouvait ainsi dépenser dix-huit sous pour son logement quand il est si facile de coucher sous quelque porche ou à quelque coin de rue, et de faire
ainsi des économies.

Quoi qu'il en soit, c'était une excellente cuisinière, et sa maison était tenue avec une si scru-
puleuse propreté que je considérai en effet comme
un honneur de pouvoir l'habiter. C'était un spectacle vraiment plaisant que de voir la façon dont
elle dirigeait les choses, avec l'aide d'une petite

Chapitre Sixième

servante d'une douzaine d'années, qu'elle aimait
bien et qui lui était attachée ; et aussi de la façon
dont elle traitait son décoratif époux, un caballero
qui ne s'abaissait pas à travailler, mais pour qui
on avait les plus grands égards. Je m'amusais autant de la malice, de la gentil-
lesse et de la naïveté de ces
scènes à trois que si j'avais lu
un des plus divertissants chapitres de *Don Quichotte*. C'é-
tait attrayant pour le plus
mélancolique des hommes.
La petite maison était unique
en son genre. La personnalité
de doña Teresa se reconnais-
sait là dans tout. Cela était si

DOÑA TERESA LAVANT.

tranché, si spécial, que l'on ressentait une impression aussi vive que celle qu'on peut éprouver
en entrant pour la première fois dans une maison
japonaise.

Comme les habitants sont tenus prisonniers
chez eux par la neige en hiver et le soleil en été,
l'intérieur avait été rendu aussi attachant que
possible ; c'était un petit monde tout à fait intime.
Il y avait des chats, des oiseaux, des plantes en
pots ; qui diable s'attendrait à trouver des plantes

Au Pays de Don Quichotte

en pots dans la Manche? — des plantes plus sur-
prenantes certes que celles qui ornent la maison
d'un petit rentier parisien, des pieds de vigne, et
jusqu'à un poirier favori, dans la petite cour qui
règne entre l'avant et l'arrière de la maison.

UN COIN DU « PATIO »
CASA TERESA, A EL VISO.

Dans la chambre de
devant étaient rassemblés
des vieux meubles aux
formes bizarres, commu-
niquant entre eux par des
bandes de nattes dispo-
sées sur le sol de terre
battue d'une irréprocha-
ble propreté. J'appris
bientôt que l'on devait
toujours marcher rien
que sur ces nattes; sans
cela la patronne donnait des signes d'une détresse
aussi cruelle à voir que ses efforts pour la dissimu-
ler. Il y avait aussi quantité de bric-à-brac, de
bibelots de cuivre et autres, qui étaient là pour
regarder, pour fournir des sujets de conversation,
mais pas pour toucher, et certaines chaises sur
lesquelles on ne devait s'asseoir sous aucun prétexte. En fait, les sièges favoris étaient certaines
pierres dans la cour et sur le seuil. Dans ma

LA CHAMBRE D'AMIS A LA CASA TERESA EL VISO.

Chapitre Sixième

chambre, la magnifique commode subissait une inspection toutes les fois que je sortais, pour s'assurer que mes mains inexpérimentées ne l'avaient pas détraquée; mon lit était frotté et poli jusqu'à ce qu'il brillât comme quelque vieux bronze précieux.

Je ne pouvais comprendre comment la bonne vieille dame trouvait le temps de si bien entretenir tout son mobilier; d'aller au marché et de marchander si longuement, sou par sou (soit dit en passant, jamais les paysans n'avaient la permission de pénétrer dans l'enceinte sacrée, toutes les transactions se faisant sur le pas de la porte); de cuisiner des plats compliqués et recherchés; de faire constamment attention à son époux et à sa petite servante, caressant l'une, badinant avec l'autre; et enfin d'être toujours prête à tailler une bavette avec l'hôte ou le voisin. Mais positivement elle trouvait le temps de faire tout cela, et de le faire gaîment, gracieusement, omni-présente, alerte, prête à toute affaire.

Nous passâmes deux jours à nous promener, l'époux de Teresa et moi, à travers la foire, flânant dans les rues, fumant des cigarettes, rencontrant les gens du village, engageant de brèves conversations dont le principal sujet était la beauté de cette foire, telle qu'on n'en avait vu depuis de longues années. Mes nouveaux amis étaient de bons spécimens de montagnards, des êtres laconiques, parlant sainement des choses essentielles, préférant au reste du monde la relative liberté de leur reclusion.

Tout en goûtant la fête, ils regardaient avec assez de dédain l'élément étranger, comme ils appelaient les marchands, envahissant leur village pour vendre les quelques objets de nécessité bien simples, harnais, poterie, ustensiles de cuisine, étoffes de coton et de laine, mouchoirs, colifichets divers. Il n'y avait entre eux ni sympathies ni affinités, un peu comme l'attitude de la société envers les acteurs; réserve ici tout à fait justifiée, car ces étrangers, racaille venant de toutes les parties de l'Espagne, formaient une clique tenace, rusée, essayant de chipoter partout où possible, mais sachant aussi plier son impudence dès que l'acheteur montrait que la moutarde commençait à lui monter au nez.

La course de taureaux avait été une des attractions, la veille de mon arrivée. Pas une de ces courses comme on en voit dans les villes, mais une affaire purement locale, et qui ne se décide que lorsque la viande de la pauvre bête, — le plus

Chapitre Sixième

féroce animal des troupeaux du village, — est vendue d'avance. Les plus pauvres s'intéressent à cet événement, chacun y prend sa part. La course a lieu dans la vaste cour d'un château moyen-âgeux du voisinage. Le résultat de ce petit égorgement démocratique est que l'homme qui réussit à donner le coup mortel au taureau est regardé par le village comme un héros, et admiré le reste de l'année tout le long de son chemin. J'eus l'honneur de rencontrer le garçon boucher qui venait de se couvrir de cette gloire, et il me parut très pénétré de son importance.

Heureusement, le théâtre ambulant, installé sur la place publique, était encore là. Des représentations avaient lieu toutes les fois qu'on pouvait rassembler un public attiré par les boniments que vociférait d'une voix rauque un gaillard remplissant les multiples fonctions de directeur, d'acteur, et sinon d'auteur dramatique, du moins d'adaptateur des comédies. Suivant la tradition, chaque pièce commençait par un prologue et finissait par un chapelet de facéties et de compliments à l'auditoire; chaque personnage arrivait ou s'en allait sans le moindre égard au développement de l'histoire, aux situations, aux limites de temps.

Au Pays de Don Quichotte

Théâtre et représentations correspondent encore fort bien aux descriptions de Cervantes parlant du dramaturge Lope de Rueda :

« Au temps de ce célèbre Espagnol, dit Cervantes, tout l'attirail nécessaire à un directeur était contenu dans un grand sac et consistait en quatre vestes blanches de bergers, à revers de cuir dorés et estampés, quatre barbes et perruques bouclées, quatre houlettes. Les pièces étaient des colloques, des sortes d'églogues, entre deux ou trois bergers et une bergère, arrangés et complétés de deux ou trois intermèdes dont les personnages étaient tantôt une négresse, tantôt un matamore, tantôt un fou, tantôt un Biscayen, car ces quatre sortes de personnages, — et beaucoup d'autres aussi, — Lope les jouait lui-même avec un talent inimaginable.

« Le théâtre était composé de quatre bancs disposés à angles droits et cinq ou six planches posées dessus, ce qui faisait une scène élevée au-dessus du sol de trois ou quatre palmes.

« Le mobilier théâtral était une vieille couverture, tendue sur deux cordes et qui faisait ce qu'on appelait la chambre réservée ; derrière se tenaient les musiciens, qui chantaient de vieilles ballades sans même un accompagnement de guitare. »

198

Chapitre Sixième

Les représentations, alors comme à présent,
avaient lieu quand on avait un public, le matin,
l'après-midi, le soir : à la fin d'une de ses comédies, Lope invite l'auditoire à « aller dîner et à
revenir, car il y a autre chose à voir jouer ». Le

plus utile personnage me parut être le fou, qui apparaissait aux moments les plus inattendus, et surtout quand l'attention des spectateurs faiblissait, et qui recevait cent coups de pied, nasardes et injures pour le récompenser de sa bêtise. Les spectateurs, eux, demeuraient toujours silencieux, riaient rarement, et regardaient les farces du bouffon avec une gravité extrême.

El Viso possède un poste de guardia civile. Le district étant en grande partie impraticable aux chevaux, ces hommes rayonnent d'ici, comme centre, sur une étendue d'une quinzaine de milles à vol d'oiseau. Leur profession, dans la Morena, n'est pas une sinécure. Les guardias, qui se relaient nuit et jour à la tâche, sont en patrouille seize heures sur les vingt-quatre; le reste du temps est pour leur famille (car tous sont réglementairement mariés) et pour le nécessaire repos. Ils sont ingénieusement contrôlés dans leurs allées et venues, même lorsqu'ils vont dans les endroits écartés et déserts; ils sont toujours deux et on ne les envoie jamais deux fois de suite sur la même route. Tout ce qu'ils reçoivent pour leur service ne dépasse pas trente sous de notre monnaie par jour; là-dessus ils ont à payer leurs habits, leur nourriture, logement, etc.

Chapitre Sixième

J'avais obtenu l'escorte sans laquelle il serait
imprudent de faire l'excursion que j'avais en vue,
et, après les fêtes, je partis bon pas entre deux
jeunes guardias, le winchester sur l'épaule. Ils
allaient de ces courtes enjambées du soldat espagnol qui font bon effet mais ne servent pas à grand'-
chose et sont même assez comiques si on les com-
pare aux longs mouvements balancés, le genou bas
tendu, des montagnards suisses. L'uniforme étri-
qué des guardias, fait d'épais et sombre drap, été
comme hiver, leur donne l'air gauche et raide des
soldats des boîtes de jouets. Leurs yeux noirs aux
cils épais, leur longue moustache tortillée ajoute
un air de férocité toute faite comme on l'attendrait seulement au théâtre.

Nous gravissons d'abord un talus qui, finissant net à peu de distance au-dessus, semblait sur-

LA SIERRA MORENA, VUE DU PLATEAU D'EL VISO.

monté par une masse pourpre sombre, la chaîne de faîtes formant l'épine dorsale des sierras.

Après cette première impression, nous nous trouvions redescendant et traversant des sommets déserts, des éperons dont la surface tannée, d'un ton monotone, fait le plus étonnant repoussoir aux grandes montagnes dentelées qui maintenant se dévoilaient à nos yeux, leurs masses et leurs crevasses se mélangeant dans une bigarrure harmonieuse de brillantes couleurs, et s'étageant comme un piédestal pour l'inexprimable et rayonnante pureté du profond azur, tout là-haut.

Notre sentier descendait en serpentant sur le roc vif, qui coupait les chaussures, et à mesure que nous avancions, les alentours rudes et raboteux faisaient paraître un mirage, l'aérien et transparent rideau des sierras, qui sans cesse grandissait devant nous. C'était l'occasion ou jamais de se rappeler le passage où Cervantes décrit les sensations de Don Quichotte dans un endroit de cette nature :

« Et, comme ils pénétraient plus avant parmi ces montagnes, nous ne pouvons dire la joie de notre chevalier, à qui les lieux semblaient le plus proprement choisis pour accomplir les aventures qu'il cherchait. Ils rappelaient à sa mémoire les

DÉPART D'EL VISO POUR UNE EXCURSION DANS LA MONTAGNE.

Chapitre Sixième

merveilleuses histoires dont les chevaliers errants
avaient été les héros dans de semblables solitudes
et déserts. Et il chevauchait si envahi et si trans-
porté par de telles pensées, qu'il ne pouvait songer à autre chose que ce fût. Sancho, de son côté,
n'avait point d'autre souci (une fois délivré de la
crainte d'être pris) que de savoir comment il rem-
plirait son ventre de ces friandises qui prove-
naient des dépouilles religieuses. Aussi suivait-il
son maître, prenant de temps en temps dans le
panier que portait Rossinante, faute de l'âne,
quelque viande pour garnir sa panse. Et pendant
qu'il marchait en s'occupant ainsi, il n'aurait pas
donné un fétu pour rencontrer une aventure, fût-
elle la plus glorieuse du monde. » (IIe partie,
chap. XXIII).

Semblables à Sancho, nos compagnons et
hôtes, doña Teresa, son époux, sa petite servante,
qui nous suivaient dans le chai du vieux José,
tuaient le temps en mangeant des *bañuelos*, cette
pâtisserie favorite des Espagnols du sud et des
Africains du nord, et en buvant le riche vin de
Valdepeñas, ce qui leur faisait magnifiquement
oublier les cahots et la chaleur. De temps en temps
même, un enthousiasme irrésistible éclatait chez
eux sous forme de litanies improvisées et récitées

Au Pays de Don Quichotte

UN COIN CARACTÉ-
RISTIQUE DE LA
MASSE CENTRALE DE
LA SIERRA MORENA.

à la hâte, finissant sur des notes prolongées, perçantes, célébrant Celui qui leur donnait les fêtes, la beauté du jour, et la joie de leurs cœurs.

On perd tout sens de l'orientation dans ces chaotiques déserts, peuplés seulement de troupeaux, de mamelons serrés, bornant l'horizon de trois côtés avec leurs étranges variétés de silhouettes. La chaleur est étouffante dans ces gorges fermées, et l'on ne commence à respirer qu'après avoir fini de descendre, et quand on recommence à monter. Des feuillages se montrèrent en haut de la dernière colline, et nous atteignîmes bientôt notre but, un luxuriant jardin,

Chapitre Sixième

ombragé de chênes-liège, de châtaigniers, de chênes, tout cela entretenu en fraîcheur et en vie par un bruyant petit courant d'une eau idéalement pure.

Nous présentâmes nos hommages à deux vieilles dames, sœurs d'un défunt chanoine, et nous bûmes un long trait d'eau à la source située devant leur petite maison de pierre, tandis que leurs serviteurs venaient et demeuraient là, nous contemplant silencieusement, jusqu'au moment où nous nous remettions en chemin.

Suivant le cours d'eau à travers le jardin, le traversant, puis le retraversant, sautant par-dessus

LUNCH DANS LE PETIT JARDIN DE LA MONTAGNE.

207

des murs de terre sèche, nous baissant sous les branches de poiriers et de pommiers, nous arrivions enfin… jusqu'à une bande de bambins se baignant sous l'œil vigilant de leur mère. Un tout petit garçon, entièrement nu, effrayé de nous voir, se mettait à pleurer et criait : « Maman ! » tandis que ses petites camarades riaient à belles dents, de lui, — et de nous.

Le contenu du char fut débarqué dans un bon petit coin, sur la lisière de l'oasis. Les gens de notre compagnie s'activèrent à chercher du bois, de l'eau, à mettre rafraîchir vin et légumes dans un étang profond. Le feu allumé, si quelqu'un s'écarta, ce ne fut pas pour longtemps, car on revenait vite monter la faction devant la lèchefrite, dont doña Teresa avait la surintendance. Spectacle pathétique, que celui de la fascination exercée sur ces gens par la nourriture : cela veut dire, en effet, qu'ils n'ont pas souvent l'occasion de satisfaire complètement leur appétit. Ils ressemblent aux Arabes, qui, vivant de la façon la plus frugale et la plus chiche, prennent leur revanche quand une chance se présente, et se gorgent jusqu'à atteindre un état de stupeur.

Amusante fut la conversation pendant ce fin repas, les saillies intarissables et inattendues de

Teresa faisant comiquement sortir les yeux de la tête à nos guardias, et détournant l'attention qu'ils apportaient à la tâche de se consciencieusement remplir.

« Gare, mon trésor, le vin fait pousser la barbe et fuir les galants, » disait-elle à la petite servante au moment où elle allait boire.

Et la pauvrette protestant qu'elle se souciait pas mal des galants, Teresa ripostait par ce vieux

proverbe que Quevedo a pris pour titre d'une de
ses pièces :

« Qui ment beaucoup péchera beaucoup
(Quien mas miente, medra mas). »

Puis elle clignait de l'œil vers son mari, disait :
« Des galants ! elle en aurait des douzaines ! Je la
surveillerais. Mais à quoi bon ? Ma mère me bat
et je fouette la toupie *(Castigame mi madre yo
trompo gelas).* » Encore un proverbe de Quevedo
qui, appliqué ici, signifiait : Je la morigène, mais
elle continue son jeu.

A quoi la gamine répondait, à voix basse :
« Après tout, ce n'est pas ma faute. *No con quien
naces sino con quien paces* (Pas avec qui tu nais,
mais avec qui tu broutes) ».

Les victuailles dépêchées, les outres vidées, et
savourée autant que bue la salade, — bue est le
mot, car la salade est ici une pinte d'eau et une
pinte de vinaigre dans le mariage desquelles
nagent des tomates, concombres et oignons, — le
seul épilogue possible à cette débauche gastrono-
mique était, en un tel endroit, de faire une bonne
sieste, et chacun s'y livra sans tarder.

En me réveillant, je vis mes compagnons
étendus çà et là, profondément endormis au frais,
le bras replié sous leur visage allumé. Près du

Chapitre Sixième

chariot, la vieille mule étique mâchonnait son
fourrage, et les cerceaux de sa carcasse se dessi-
naient en ombre et lumière. Au bas de la prairie,
la petite servante se chantonnait à elle-même quelque chanson. Mais, coquette en herbe, elle faisait
une répétition générale de ses petites ruses et
mines féminines, faisant des airs de tête, essayant
des révérences, combinant quelque figure de danse
particulièrement conquérante.

Une poussée de hauts châtaigniers et de pins
sur le bord de la prairie enserrait le bassin de
pierre où jaillissait la source, bienfaitrice de ces
jardins. Du fond de sable et de cailloux s'élevaient,
à travers le clair cristal, d'ininterrompus chape-
lets de bulles d'air. Des poissons apparaissaient
et redisparaissaient dans les herbes garnissant la
pierre, venaient nager à la surface de l'eau; des
libellules et des hirondelles, piquant en zigzags,
venaient boire une becquée.

Le profond silence n'était interrompu que
par le rythme de l'harmonieux clochetis de la
mule, et par les trilles lointains d'un oiseau, solitaire chanteur. Le vent, ramassant ses forces en
approchant, comme les vagues qui galopent vers
la rive, affluait en bouffées qui agitaient les faîtes
des arbres et les rendaient frémissants. Entre

leurs troncs on voyait, en apparence assez près
pour qu'on les pût toucher, nos gigantesques voi-
sines, les énormes croupes de montagnes, flam-
boyantes d'une lumière qui faisait valoir les
veines colorées courant le long de leurs rapides
déboulements, toute la richesse incomparable de
leur rude beauté.

Elle était tout à fait pareille à celle-là, la place
où le Chevalier de la Triste Figure accomplit la
pénitence qu'il s'était imposée : c'était bien « au
pied d'une altière montagne », que bordait « un
charmant ruisseau », qui entourait « une verte et
luxuriante prairie ». Pourquoi ne serait-ce pas

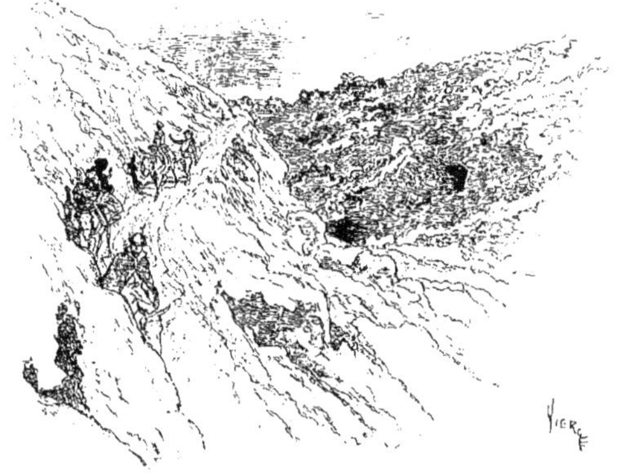

SUR LA ROUTE D'EL MOLINOS.

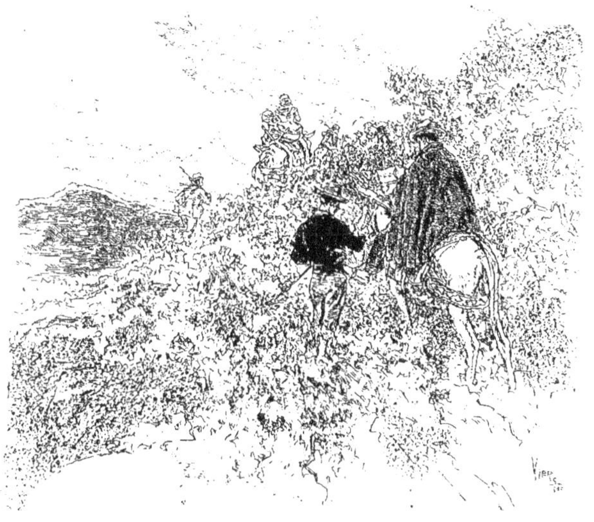

l'authentique endroit que Cervantes avait en vue,
et bien que l'opinion des érudits l'ait placé plus
loin, à quelques lieues à l'est ? L'impression pro-
duite par cet heureux et paisible petit monde,
avec son eau courante, son abondante végétation,
au milieu du paysage le plus rébarbatif, était tout
à fait celle d'une oasis parmi les sables du
Sahara, se perdant à l'infini.

Nous repartîmes assez tard pour El Viso. Le
soleil était brûlant, mais longtemps avant d'arri-

ver à notre gîte, la Casa Teresa, nous dûmes nous envelopper de couvertures et de manteaux, la transition, au coucher du soleil, étant des plus brusques entre le chaud et le froid.

Los Molinos fut le but d'une autre excursion mais j'y allai seul avec mes guardias, car c'était beaucoup trop loin pour la señora et son époux. C'était se transporter « jusque dans les entrailles de la montagne » au milieu même du farouche paysage que Cervantes a décrit dans les chapitres où il raconte les aventures du Chevalier avec le déguenillé Cardenio.

Ce désert enchevêtrement, sans chemins, de sauvages pics et vallées, inaccessible à tout homme qui ne connaît pas le pays à fond, était jadis le refuge de ceux qui cherchaient à se garer de la justice et de l'Inquisition. Jusqu'à la dernière génération, ce fut le repaire de bandes de brigands, dont les sanglants exploits sont restés gravés dans l'imagination populaire et figurent encore dans les entretiens des hommes, des femmes et des enfants de la région.

Il nous fallut quatorze heures de la plus pénible marche pour arriver au moulin, qui, malgré les dangers que présente le sentier qui fait sa seule communication avec le reste du monde,

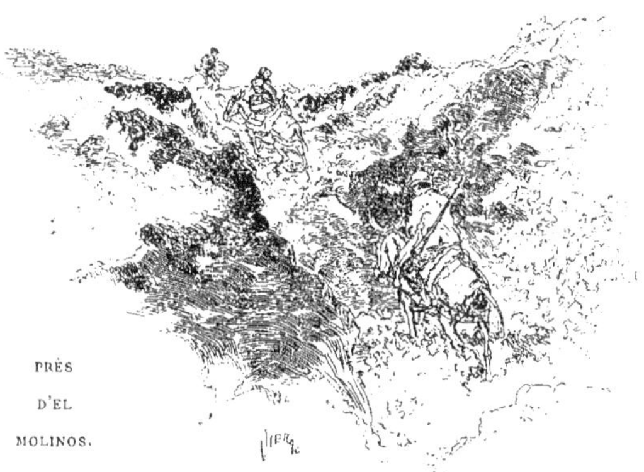

n'est pas complètement abandonné. La force hydraulique n'est pas très grande, le chauffage est très coûteux, de sorte que, si l'on ajoute les risques sérieux de perdre en chemin des mules et des sacs de farine, ce moulin à eau, qui peut faire de la farine à bon marché, n'est guère achalandé que par les pauvres, et ne marche que peu de mois par an.

Et le chemin n'est pas seulement dangereux pour les bêtes ; il l'est pas mal pour les gens. Le roc brillant et poli, les pierres roulantes ou brisées sur la rapide descente rendent la marche incertaine et peuvent conduire facilement le voyageur au fin fond du précipice. Le sentier est tout garni de tas de pierres, commémorant de semblables accidents. A chacun de ces tas, suivant la coutume, nous ajoutâmes religieusement notre pierre en passant. Cet usage est encore en vigueur en Sicile et dans tout le nord de l'Afrique.

En revanche, le spectacle était grandiose au possible. Des cimes escarpées alternaient avec des bouquets de robustes myrtes et de lentisques, et avec des talus où le rampant arbousier et le laurier poussaient à profusion sur des tapis de pâquerettes et de trèfles, dont l'arome pénétrant embaumait la vallée. Nous pûmes, dans la dernière partie du voyage, constater la vérité du proverbe : « *No hay atajo sin trabajo,* pas de court chemin sans peine, » car il nous fallut faire ce chemin en sautant de bloc en bloc, à la façon de Cardenio, le fou par amour. C'était la seule façon d'arriver promptement à destination et aussi sûrement que par le chemin des mules.

Au fond d'un étroit fossé, entouré de tous côtés par de gigantesques murailles de montagnes presque verticales, qui semblaient prêtes à l'écraser, était le moulin, et c'était l'endroit le plus abandonné, le plus misérable que j'aie jamais vu de ma vie. Sans occupant en ce moment, il nous regardait de ses fenêtres sans croisées, comme un cadavre avec des orbites sans yeux. Derrière la

Chapitre Sixième

UN MAUVAIS CHEMIN.

porte vermoulue, nous trouvâmes, habitée par
les chauves-souris et les rats, une chambre sordide
dont le vide moisi, les murs branlants, produi-
saient une impression tragique et déprimante. On

ne pouvait trouver là ni aide ni courage. Tout
était abject, déchu, désespéré. L'eau était glaciale
et glaciale était la nuit. Nous fîmes tant bien que
mal du feu par terre, et nous dormîmes auprès,
chacun faisant la garde à son tour.

Lorsque je rentrai à El Viso, la nuit suivante,
épuisé, il me sembla que je revenais d'un des
cercles de l'Enfer.

LES « TOREROS » AFFAMÉS REGARDANT L'ÉTRANGER MANGER.

VII

La grand'route royale. — Paysages de montagnes. — Venta de
Cardenas. — Apprentis toreros. — Une famille de Bohémiens.
— Despeñaperros.

J'AI quitté El Viso en compagnie de José, de son
char et des deux guardias, au milieu d'une de
ces nuits étoilées qui, par leur atmosphère dia-
phane, les souffles de vent tiède, velouté, caressant, font du voyage un exquis plaisir, même
quand il est probable que le jour suivant sera à
l'orage.

Après une lieue environ, je me retrouvai sur
la grand'route royale réunissant Madrid à Séville,

que j'avais déjà prise pour me rendre au Toboso.
Nous la suivîmes dans la direction du sud. Là,
les divers groupes des sommets de la Sierra se
distribuent à la ronde en une architecturale con-
fusion du plus frappant caractère, et tout change
sans cesse avec la direction, la montée, la descente
de la route.

Quelques ruines demeurent pour raconter
l'antique prospérité, l'activité de cette grande
artère, qui elle, par sa solidité, brave le temps et
les éléments. Nous nous arrêtâmes, pour prendre
une tasse de café, dans une venta en ruines qui,
dans ses deux seules chambres intactes, abritait
un jeune couple, le mari revêche et la femme avec
des airs de chien battu, tous deux d'une attitude
gênée qui nous rendit silencieux et nous mit mal
à l'aise. Les guardias m'expliquèrent, quand nous
nous remîmes en chemin, que c'était un mari
jaloux, et que c'était la raison pour laquelle ils
vivaient ainsi dans cette sauvage solitude, loin de
tout être humain.

Tout au bas d'une longue descente, la route
tournait brusquement à droite et traversait un
pont jeté sur un impétueux torrent. Vis-à-vis du
pont et en contre-bas de la colline, était comme
une avalanche de blocs gigantesques. La route les

UN ARRIERO.

évitait, redescendait tout droit, passait sur l'autre
rive du torrent et traversait de nouveau un pont
cent mètres plus bas. Ces blocs commandant la
route, du ruban de laquelle on apercevait en bas
et en haut de longues parties, font ici un endroit
idéalement propice aux embuscades. Aussi, à
cette place, les brigands ont-ils commis plus de
meurtres et de rapines que dans tout le reste de
l'Espagne réunie, à ce que me dirent mes guardias.

Jusqu'à l'adoption des Remington et des
carabines Martini-Henry, les mules et leurs
charges étaient volées, les coches dévalisés, et
quand les voyageurs refusaient de se rendre ou
faisaient mine de résister, ils étaient massacrés,

221

et leurs têtes coupées placées sur les parapets du pont pour servir d'avertissement aux voyageurs à venir.

Sur un des sommets à droite de la route, on voit la caverne des Paolos, qui fut le repaire d'une bande fameuse. Les Paolos étaient frères dans le sang et le crime; leurs exploits figurèrent parmi les histoires choisies dont José, qui avait connu un des Paolos, me régala; c'étaient des récits fastidieux et révoltants.

Grâce principalement aux efficaces efforts de la guardia civile, la route est maintenant et depuis longtemps exempte de brigands. Pourtant, lorsque je demandais à mes hommes quels dangers j'aurais risqués en cheminant seul dans ces parages, ils me répondaient qu'un pauvre n'aurait rien à craindre, mais que quelque grossier et ignorant arriero, qui m'aurait par hasard rencontré sur son chemin, aurait très bien pu avoir l'idée de me planter son couteau dans la poitrine pour voir s'il n'y avait pas sur moi une peseta ou un peu plus. Or, ce qu'il y avait de plaisant en ceci, c'est qu'avec mon misérable costume de naturel de la Manche, je m'étais imaginé que je représentais le plus idéal vagabond, le plus parfait sans-le-sou !

La route se poursuivait en bordure du cours

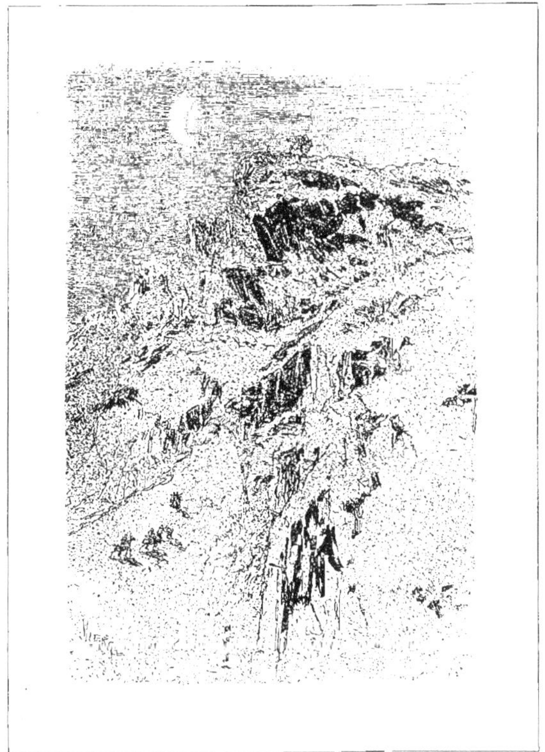

PIC DE PANERO, UNE DES FROIDES MONTAGNES QUI ENTOURENT EL VISO.

d'eau qui peu à peu perdait son caractère sauvage et devenait une jolie rivière bouillonnante. Le chemin de fer la rattrapait et la traversait, et nous continuions notre route en pente le long de la voie ferrée et de la rivière sans rencontrer âme qui vive. Il ne passait pas de train, et seule la chanson de l'eau troublait l'accablant silence.

Les montagnes graduellement paraissaient se rassembler sur nous, et s'élever bien haut, toutes tapissées de forêts que déchiraient par endroits des prismes de rochers. Notre sentier était tout semé de débris, provenant des roches désagrégées sous l'effort des éléments. Des fragments de riche quartz métallique indiquaient la richesse gisant, inutilisée, dans ces montagnes de la Sierra Morena, célèbres au temps de l'occupation romaine pour leurs mines de cuivre, de plomb, d'antimoine, d'argent, abandonnées maintenant, et oubliées depuis des siècles.

Avant la solitaire station de Venta de Cardenas, nous trouvons une des plus misérables localités que j'aie rencontrées dans mon voyage. Une demi-douzaine de masures basses, sans fenêtres, bâties de boue et de crachat, vautrées dans des mares d'ordure, où vaguaient des poules et trifouillaient des cochons. De répulsifs spécimens d'humanité, en haillons abominables, sales au-dessus de ce qu'on peut rêver, traînassaient sur

les seuils, nous regardant d'un air idiot. On eût dit qu'ils allaient, à un moment donné, marcher à quatre pattes et ramper avec les animaux, dont ils n'étaient guère éloignés en apparence.

Comment ces êtres peuvent-ils demeurer si en bas de l'échelle humaine dans un pays où le sol devrait, avec un peu de peine, rapporter de convenables revenus? c'est un problème. Peut-être pourrait-on demander la réponse aux riches propriétaires des montagnes, qui se gardent jalousement le sol comme de simples réserves de gibier.

Ces paysans n'ont d'autre ressource que le

braconnage. Trop ignorants pour savoir expédier
en ville par chemin de fer le gibier qu'ils tuent,
incapables d'en faire usage dans les misérables
villages de la région, ils ne tuent que pour sou-
tenir leur vie; leur existence se passe à manger,
à dormir et à dépister les gardes-chasse; elle est
aussi primitive et dégradée que celle de leurs
ancêtres de l'âge de pierre.

Au-dessus de la station, la route gravit les
flancs d'une vallée qui va sans cesse se rétrécissant;
cette route a pour toute protection, du côté du
précipice, un chapelet de *moriones*, ces bornes éri-
gées à un petit nombre de mètres tout le long de
la route, et qui étaient un des signes les plus
caractéristiques et pittoresques des vieilles voies
espagnoles. Ces moriones indiquent le chemin de
Venta de Cardenas, située près de l'entrée du
célèbre cañon de Despeñaperros. C'est là que la
luxuriante végétation du cactus commence à signaler l'Andalousie, musicale jusque dans son nom,
le pays des castagnettes et des fleurs, des ensorce-
lantes danseuses et cigarières, des gitanos et des
toréadors, et de toutes sortes de gens, très séduisants dans les romans, très vulgaires dans la
réalité.

Jadis la vie de la Morena se concentrait dans

EN ATTENDANT LE DINER A LA VENTA DE CARDENAS.

Chapitre Septième

les parages de ce défilé de Despeñaperros (littéralement « chiens jetés dehors », probablement parce que c'est là qu'on vit le dernier de ces infidèles, de ces chiens, les Mores, lorsque, abandonnant Tolède et leurs provinces du Nord, ils se replièrent sur l'Andalousie). Despeñaperros demeura la ligne de démarcation entre les Chrétiens et les Mores pendant que ceux-ci occupèrent Grenade. Ce fut alors la vraie Porte du Sud, à travers laquelle passa tout le trafic entre la capitale, Séville et le reste de l'Andalousie.

Mais, maintenant, au lieu de l'animation de naguère, des défilés de coches et des troupes de mules chargées, il n'y a plus, et encore de rares fois chaque jour, que le strident sifflet et le grondement des trains. C'est encore la porte de l'Andalousie, mais la vie s'en est retirée, et l'endroit est probablement plus solitaire à présent qu'il ne fut jamais depuis que les Romains conquirent l'Ibérie

La Venta de Cardenas, précieuse relique des temps où l'on voyageait en diligence ou à pied, domine justement l'intruse du paysage, son ennemie, la voie ferrée. Il en a vu, le vieux caravansérail! Une vie brillante, active, affairée! Que de figures historiques, rois et reines, prélats et ambassadeurs, capitaines et marchands des Indes, se

Au Pays de Don Quichotte

sont arrêtés sous son toit, coude à coude avec les
gens du commun, muletiers et soldats! Dans ses
grandes lignes, il demeure tel qu'il fut bâti il y a
plus de trois siècles, solide, bien que négligé, et
racontant toute sa pathétique histoire par ses
vieilles pierres, ses immenses étables, ses portes
assez grandes pour laisser passer de front deux
carrosses royaux.

Nous eûmes dans la vieille auberge une réjouissance en plein midi. L'ama, un beau type de
Maritorne, daigna faire elle-même la cuisine (il
est vrai qu'il n'y avait pas de domestiques).

L'endroit avait bel air; les pigeons, les poulets,
les chats et les hirondelles animaient de quelque
apparence de vie ces salles hautes et vides. Dans
l'immense chambre où nous faisions les cent pas
et où nous devions nous reposer, combinaison de
hall, de salle à manger et de remise, une centaine
de nos chariots aurait facilement pu évoluer.

Notre petit groupe s'assit devant le banc peu
élevé, servant de table, sur lequel on servit une
couple de perdrix et un lapin; une délicieuse
salade de concombres et de tomates nageant dans
un ample bol de vinaigre et d'eau, jouait bravement
son rôle auprès de ces victuailles. Nous trempions
tous, démocratiquement, nos cuillers dans le plat

PRÈS DE LA VENTA DE CARDENAS.

commun, et les chats, ainsi que les poulets, formant le cercle, quémandaient chacun à sa façon, dérobant au besoin, quand on ne leur donnait pas.

Deux pauvres drôles, maigrement vêtus d'une chemise et d'une culotte, qui n'étaient pas très complètes ni l'une ni l'autre, et coiffés de mouchoirs rouges, entrèrent dans la chambre avec l'air hardi et alerte des vrais bohémiens. Même devant les guardias, ils dissimulaient mal leur apparence mi-voyou, mi-gitano. Après avoir salué à la ronde, ils s'assirent, sans dire un mot, près de la muraille opposée, déposant avec de grands soins un paquet de haillons, d'où sortait une lame droite, soigneusement enveloppée.

« Toreros, » dit le vieux José.

L'un des deux n'était vraisemblablement qu'un acolyte, un apprenti banderillero sans doute. L'autre, l'espada, avait un visage d'une saisissante beauté, mais avec une expression sinistre et diabolique. Souple et musculeux, il se tenait contre la muraille avec l'élégance d'une statue grecque. Il nous posa quelques questions, auxquelles répondirent laconiquement les guardias, qui avaient pris leur air officiel de défiance.

LES TOREROS.

Ces voyageurs étaient des Andalous se rendant en la province de Ciudad Real (la Manche) pour s'enquérir des moments et des endroits où aurait lieu quelque petite course locale.

Du diable d'ailleurs s'ils savaient qu'ils se trouvaient précisément dans cette province de Ciudad Real. Il était évident que leur seule préoc-

Chapitre Septième

cupation était de repasser les stratagèmes de
torero, et d'y atteindre assez de perfection pour
devenir célèbres, porter de beaux et bons habits,
voyager en grande pompe, et profiter des choses.
Avec leurs mines d'affamés ou de félins en quête
de proie, leurs gestes silencieux et agiles, leurs
coups d'œil de renards, on voyait qu'ils ne renon-
ceraient à l'espoir d'être invités à prendre place
parmi nous qu'une fois la dernière chance évanouie.

L'amo, l'ama et leurs enfants nous suivirent à

233

table et ils nettoyèrent proprement les plats. Aussi donnai-je aux toreros une menue pièce d'argent. Autant que j'en pus juger par leur expression de surprise, c'était certainement la première qu'ils eussent reçue de cette façon. Leur sourire disait assez clairement qu'ils n'étaient pas très sûrs que l'esprit du donateur ne fût un peu dérangé. Toutefois, ils acceptèrent, et enveloppèrent leur pièce dans plusieurs replis d'un chiffon. Je pensai qu'elle ne les abandonnerait qu'à bon escient, et qu'on pourrait compter sur eux pour en tirer tout ce qu'on en pouvait tirer.

Un autre groupe de va-nu-pieds voyageurs se présenta pendant que nous nous tenions sur le seuil. La femme, assise tout au haut de la charge d'un âne, le mari conduisant, et deux enfants suivant. Ils appartenaient à la famille des sortes de fakirs ambulants qui vont de village en village, de foire en foire, vendant des objets de camelote, la femme disant la bonne aventure, et le gamin, un des plus roués petits chenapans qu'on pût voir, faisant sa spécialité de danser la *zapatera*. Nos guardias avaient l'œil sur le père, un drôle malgracieux et de fort mauvaise mine. Le vieux José lui-même, qui avait tout vu dans sa vie, le regardait soupçonneusement et disait : « C'est un de ces hommes

ARRIVÉE DES BOHÉMIENS A LA VENTA DE CARDENAS.

qui vous couperaient la gorge rien que pour la blague. » Le gamin, d'un air de bravache, chanta ce fragment d'une *petenera* blasphématoire :

Je vous aime plus que ma vie,
Je vous aime plus que ma mère,
Et si c'est un péché,
Eh bien ! je vous aime plus que la Vierge du Carmel.

« Fi donc ! dit un de nos guardias. N'insultez pas Notre-Dame ! » Là-dessus, toute la famille se

235

retourna et nous regarda en feignant une grande surprise.

Ils payèrent deux sous le privilège de se servir du feu pour cuire quelque chose qu'ils avaient apporté avec eux et de s'abriter quelques heures,

SIESTE
DES BOHÉMIENS
A LA VENTA
DE CARDENAS.

eux et leur bête. Ils étaient de méchante humeur, n'ayant pas fait d'affaires à la foire d'El Viso. Tout en repaquetant leur charge d'âne, ils lâchèrent la bonde à leur mépris pour les gens de la Morena, des imbéciles, une race de brutes et d'ignorants, qui ne voulaient payer pour être amusés ni acheter des objets qui ne servent à rien. Mais tout irait mieux bientôt, car ils étaient

I. UNE MALAGUEÑA.

II. SCÈNE DE NUIT DANS UN ÉTABLISSEMENT POPULAIRE A SÉVILLE.

III. ÉCOLE DE GARÇONS DANS LA MANCHE.

Chapitre Septième

en route pour Séville, « le Paradis », comme ils
l'appelaient. Ces gens, de la lie sévillane, étaient
de ceux qui croient que leur ville seule vaut la
peine d'y vivre et regardent le reste du monde
comme barbare.

Ils se reformèrent pour le départ dans l'après-
midi et les voilà en route pour leur chère destination, la gamine faisant des sauts périlleux et
bondissant de joie, le gamin imitant la guitare
accompagnant cette chanson de femme :

> Séville de mon âme,
> Séville de ma joie,
> Qui n'aimerait pas être à Séville,
> Même pour y dormir sur les cailloux ?

Et à distance on entendait encore la voix
rauque du père jetant d'abominables malédictions
sur El Viso et les gens de la Morena.

De la Venta jusqu'à la fin de la grande brèche
de Despeñaperros, la route royale, étroite et mal
tenue, est taillée en pleine montagne.

Nous suivions à loisir ses molles courbes et
ses brusques détours, dont chacun nous révélait
une vue nouvelle et saisissante. A notre droite, la
montagne, muraille à pic, s'élevait dénudée, jusqu'au ciel bleu, parmi des flocons de nuages. A
gauche régnait le précipice. A mi-hauteur de ce

Au Pays de Don Quichotte

précipice, la voie ferrée, semblable à un ruban,
traversait des ponts, disparaissait dans des tunnels.
Tout au fond, deux mille pieds plus bas, l'eau
verte se précipitait en bouillonnant vers le Gua-

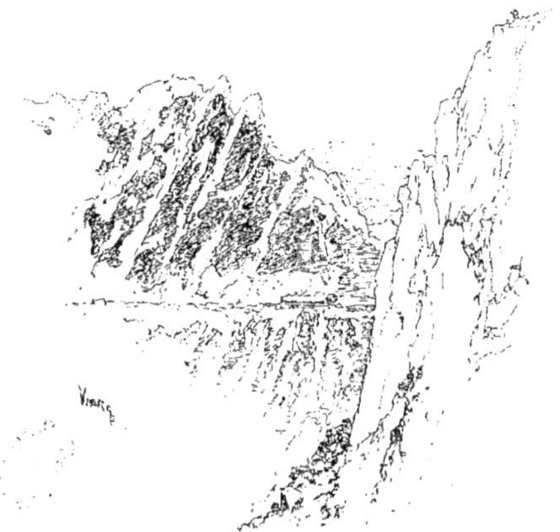

UN DÉTAIL DE LOS ORGANOS.

dalquivir et l'Andalousie. Tout contribuait à faire
un tableau magnifique et émouvant : les bouquets
serrés d'oliviers sauvages et de chênes rabougris
poussant sur les pentes ; la luxuriante végétation
de fougères, de plantes traînantes et de vert gazon
tout étoilé de fleurettes, au fond des gouffres; la
rigidité et la nudité sévères des énormes masses
de pierre. Il y avait des vues plus pittoresques que

LOS ORGANOS.

Chapitre Septième

les autres dans cette variété que nous révélait
chaque tournant de route. Une des plus belles
était sans doute *los Organos*, une pièce de roc pur,
de quatre mille pieds de haut, ayant une vague
ressemblance avec la rangée de tuyaux d'un orgue
géant.

Le soleil disparut à nos yeux, et pendant le
reste de notre excursion le long du défilé, l'obscurité et l'humidité régnèrent, effaçant absolument
toutes les sauvages beautés du site.

Quand nous eûmes émergé à la fin de ces
ténèbres, apparut, encadrée entre les deux murailles de Despeñaperros, comme deux sentinelles
imposantes, noires et sourcilleuses, une splendide
vision de l'Andalousie. Ses collines dénudées
étaient métamorphosées en un kaléidoscope de
tons brillants et incandescents ; on eût dit le cœur
d'un volcan ; là-dessus s'étendait un radieux ciel
d'or en fusion, qui graduellement s'adoucissait
jusqu'à des tons d'opale. Plus loin le mirage devenait quelque chose de mystérieux, d'indéfinissable,
un vaste bercement, pour la nuit approchante,
sous des voiles aussi doux que transparents.

Au retour, la lune commençait à répandre sa
fantastique clarté sur les gorges, évoquant tout un
monde étrange de formes et d'éclairage. Un arriero

passa, assis de côté sur son âne et vociférant une sauvage malagueña qu'il accompagnait avec sa guitare.

« Où vas-tu comme ça, vieux frère ? demande un des guardias.

— Chez nous, mon cher, répondit-il tout du haut de sa voix. Je vais chez nous ! *Viva la Gracia ! que bella ! que guapa ! Andalusia !* »

Tables

Table des Matières

<h1 style="text-align:center">Table des Matières</h1>

Table des Gravures

Table des Gravures

Table des Gravures

Table des Gravures

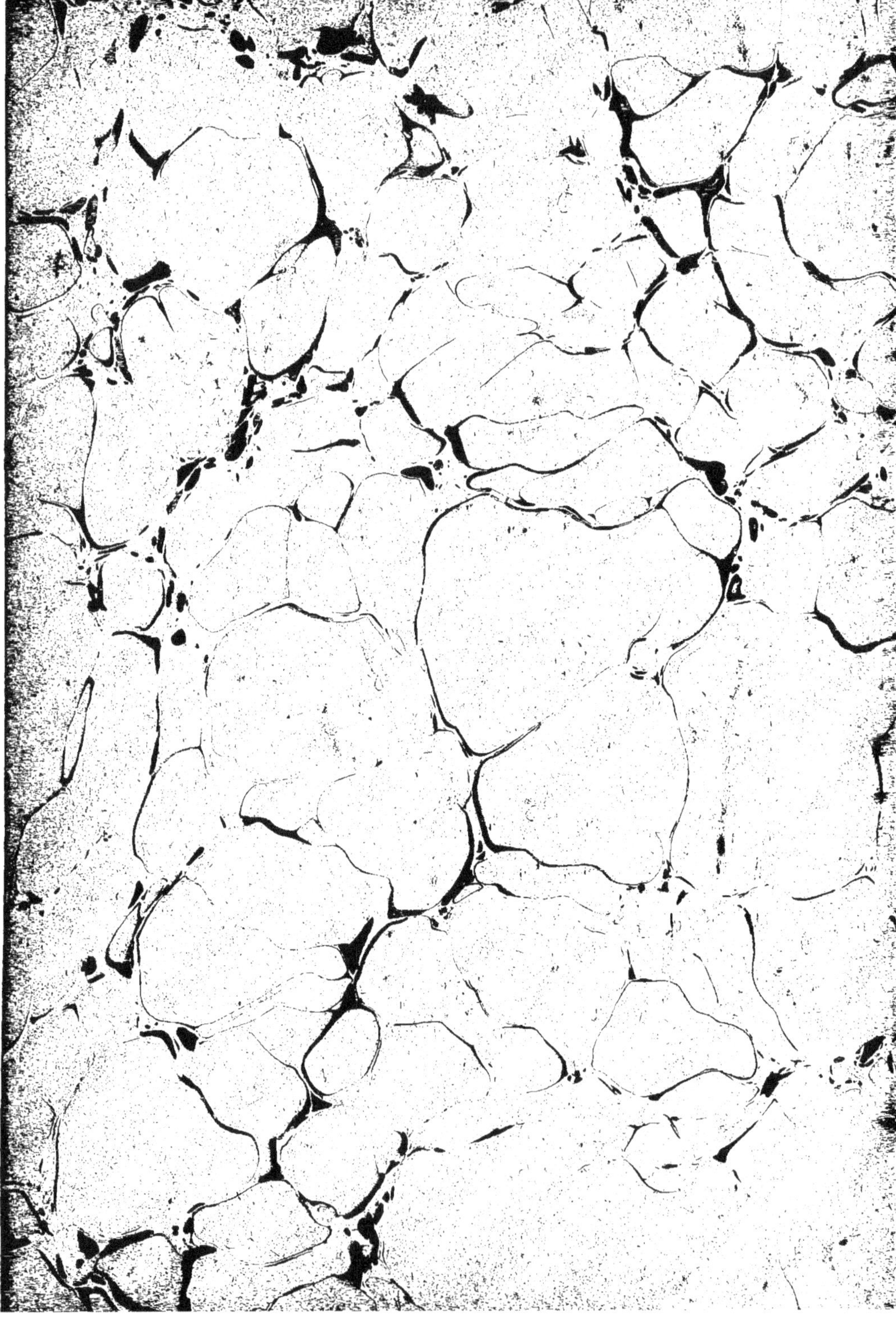